図書館力をつけよう

憩いの場を拡げ、学びを深めるために

近江哲史 著

日外アソシエーツ

装 丁：赤田 麻衣子

はしがき

私の友人I君はそれなりのインテリなのだが、この間、図書館に行ってみたという話を聞いた。「図書館というのは本がいっぱいあるね」それは当り前でしょうが。「本がゴチャゴチャいっぱい、いろいろあるものだな」ゴチャゴチャ、いろいろ、なんて言ったら司書さんに怒られるだろう。「いや、図書館の本はキチンと分類されて、それで整然と並べられているものだよ」と私。「何かラベルが貼ってあって、数字が書いてあったな」「そうだよ。それが図書館の本の分類法によるんだよ。まず一桁目を見て0だと、それは『総記』だ。1は『哲学』、2は『歴史』だ。以下二桁、三桁と分類が細かくなっていくんだ」「だけど、カタカナ一字だけしかなくて、数字のないラベルもあったぞ」「ああ、それは日本文学、つまり9―文学、その次の行の1―日本語、三行目が3―小説、となって913は日本の小説だ。この分類に入る本の数があまりに多いので、そこだけは著者の姓の頭文字になっているのだろう」「へえ」とI君は分かったのかどうか気の乗らない返事だった。

「まあ、そんなキミのような人のために『図書館に行ってくるよ』（日外アソシエーツ 二〇〇三）という本をこの前出したのだが、それでも読んでくれると参考になると思うがね」と私。

「その本を図書館で読もうとすると、どの辺りの棚にあるのかね」「それが早速、0の1、つまり総記の中の図書館関係という辺りにあるはずだ。まあ、図書館関係その他いろいろなものが0分類に入っているわけだ」「その他どこにも入らぬものがそこに入るのか。企業で言えば総務部みたいなモンか。何か、偉そうで難しいものを書いたんだな」0分類が偉いという話は聞いたことがなかったが、『総記』が総務に連想されて、偉い、難しいと考えるのはさすがに元ビジネスマンの優等生だ。それにしてもI君の図書館音痴も極まれりである。

「とにかく図書館に行ったら、分からぬことは館員さんに聞けばいいのさ。何でも親切に教えてくれるよ」「そういえば俺の行った図書館の受付にはきれいな人が一人いたぞ」「受付って、図書館ではカウンターというんだがな。まあ、それはご同慶の至りだったね」「でも他の人はそれほどでもなかったぜ」「図書館が美人ばかり揃えるわけにもいくまい。そんなことより、司書さんは本のことに詳しくて、丁寧に、親切に対応してくれればいいのだよ」「うん、トイレの場所を聞いたら、親切に教えてくれた。微笑んでね」これはいかん。

I君は相当な読書家の方だと思ったが、これまで本はほとんど自分で買って読んでいたようだ。しかし定年後のこの頃となったら、さすがに暇がありすぎて、家にばかりもおられないということになってきたようだ。「図書館はいつでも開いているのかな」ときた。「そうはいかんよ。開館日や時間は館によって違うから、キミの行く所はどうなっているか、確かめる必要がある。月曜日が休館日であるところが多いがね。時間もこのごろは夕方遅くまで開けているところも多いから、ずいぶん使いやすくなったよ」

I君は私がこれから述べようとする本書のテーマでいう「図書館力」はゼロであることがハッキリした。しかし、（その後の話をすると）I君は初級→中級→上級とドンドン進歩したのである。初めは誰でもこんなものだ。皆さん安心して図書館のドアを開けましょう。

× ×

話変って、世の中には学力、体力、気力、精神力などという言葉がいろいろある。それはよく分かる言葉だ。しかし少し前から聞き慣れない言葉が出てきた。「老人力」なんていうのがある。あれは、年寄りになったら、もうバタバタしないで観念しておとなしく収まっていろという消極的な言葉のようである。ところが私がこの本で語ろうとしているのは「図書館力」である。言葉の意味は本文で詳細を述べる。図書館でどう暇をつぶせばよいかという人には、まず第一章から読み始めて貰うのがいい。図書館にはいろいろあるということを認識して頂くには第二章を見て頂きたい。古今の東西の図書館には様々なものがあるので、その様子を知って頂けると思う。第三章は図書館で調べごとをしたいという場合の話である。調べごとといっても話は多岐にわたる。一例を挙げよう。世の中にはへそ曲がりの人がいて、あの「冬ソナ」ブームと言われるほどの韓国映像ものが到来して猫も杓子もぺさん、チェさんと騒がれた時代に、まったく反応しない方がおられる。「あんな（と、ご自分の解釈で）軟弱な純愛もののメロドラマなんか見ておられるか！」という勢い。「でも見てご覧なさい、きっとはまるよ」と言われても知らん顔、その実こっそり図書館や書店で関係の本や雑誌などを立ち読みなどしてだいたいの様子を知り、いつのまにかテレビも見てペ・ヨンジュンやチェ・ジウの隠れファンになっているが、表では依然膨れっ面という人がいる。図書館は、利用者の誰がどんな本を見ているかということは一切関わらないという建前でプライバシーにも気を遣っているので、こういう人にも便利なのである。こういうもっとも新鮮な話そのものは実はインターネットで情報を知る方が早いかも知れないが、もっと深く韓国のことを知りたい、「冬のソナタ」のもっと根源的なことなどを学びたいと思えばやはり、書物に負うところが大きいだろう。図書館にはたいてい韓国について深い情報がたくさんあるはずである。

そして図書館をこのようにいろいろ使いこなした上は、もっと他の人たちにも利用を勧め、あるいは図書館をより良くしていくべく、改善のための提言などしていけばいいと思うので、そういう話を第四章にまとめた。

今は図書館力初級のあなたも、やがて本書を読み行くうちに、中級へ、上級へと力はつく。そして何時の間にか黒帯の世界にあこがれることになり、有段者への仲間入りをされるであろう。そして最後にお勧めしたいのは夢の世界の楽しい図書館に遊ばれることである。

目次

第二章　図書館力中級――読書三昧の境地へ――

余録――図書館のはなし、余談ですが

章扉カット／田中美穂子

第一章　図書館力初級

――まあ、暇つぶしが可能か――

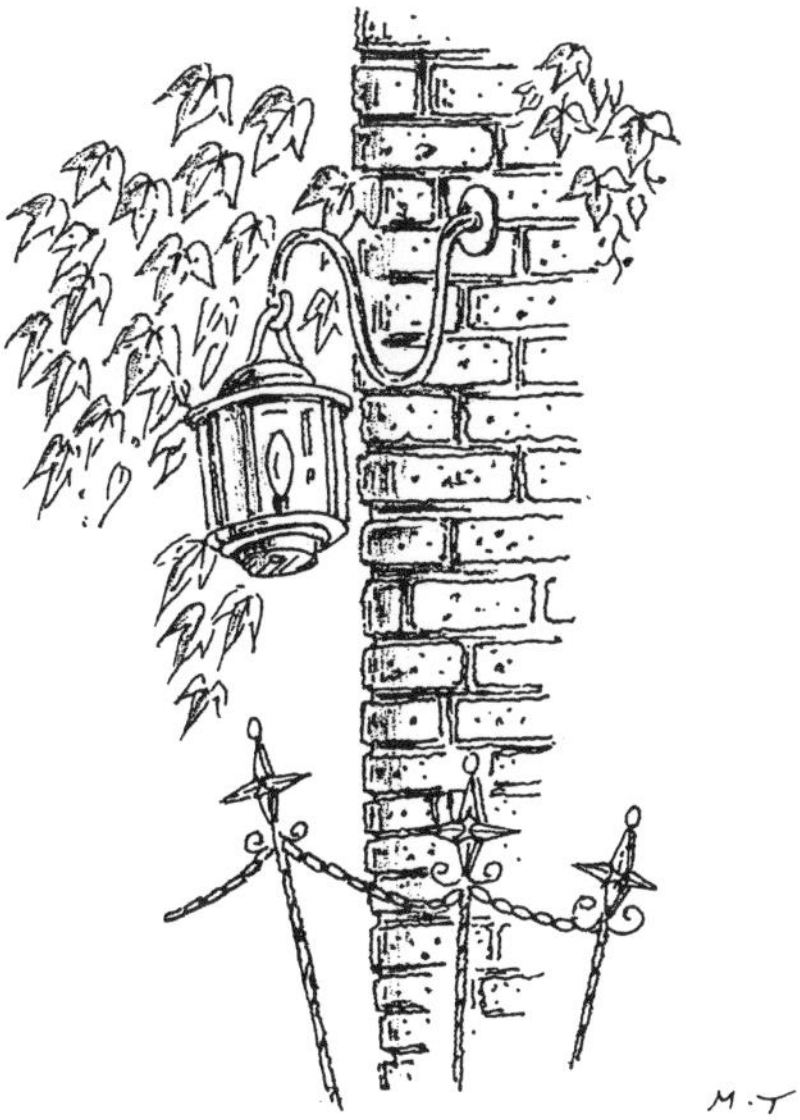

私は図書館を使いこなす力をランク付けしようと試みた。これは図書館を利用する側の立場から勝手にでっち上げたもので、世間に対しては何の権威もないが。

読者は、以下に述べる基準に従って自分でランク付けし、悦に入っておられればよい。

まず「図書館力ゼロ」の人というのはこういう人々である。——自分の居住地域で、家から容易に行ける図書館の存在を知らない。図書館というものを使ったこと、行ったことがまったくない。図書館を使う気が全然ない。関心もない。こんな人たちである。それは学力とか学歴などとは関係がない。専門研究者や博士号を持っている人や大読書人でも、これに該当することが案外あるとも思われる。先のI君などは当然これに該当する。

以下に、いよいよランク付けを始める。第一章は図書館力「初級」について説明をしよう。

——何のきっかけか、図書館にたまたま入ってウロウロする。それでも彼または彼女は図書館のロビーに近いところにある新聞や雑誌ぐらいには目を通すだろう。(ある種の人々のように、顔を洗い、居眠りするために館に入り、冷暖房を享受し、それで帰る人は図書館に入ったとはいわない。)

やがてこういう人もすこし慣れれば、数並ぶ書架にもちょっと手を伸ばして何か読みたい本でもないかと館内をさまようことになろう。果たして読みたいものを見つけ、これを手にして閲覧室に行き、多少の時間でも読書する。ウン、おもしろい、これを読み切るには図書館では時間がたりないから借りて帰ろうということを思いつき、図書館貸出しの登録などして借りて帰る。……と、まあこんなところで「図書館力初級」はついた、と考えられるのである。

1　図書館ってこんなところなのか

図書館についての最初の話から他の本の引用で気がひけるが、森崎震二・和田安弘編『本の予約』（教育史料出版会　一九九三）の中にこういう記事があった。

カール・セーガンはその著『コスモス』（朝日新聞社）のなかで、人間は三つの図書館をもっていると言っています。遺伝子と大脳皮質と体外記憶装置の三つです。

生物が次の世代に引き渡すことのできるのは、親の遺伝子のなかに蓄積された生物の本能ともいうべきものです。個々の細胞内に記憶されている情報量は五〇億ビットに匹敵し、書物にして約一、〇〇〇冊分にあたるといわれます。人は食物を採ると、歯で噛み砕き、飲み込むまでは意識による選択が許されていますが、あとはすべて細胞の指示書によって判断され、酵母による化学反応がくり返されるなかで、栄養素が体内に取り込まれ、残りは体外に排泄するよう順次指令されます。(中略)

これに対して狩りにかんする知識はこのようなものとは違い、生後、親兄弟や種族の人びとから伝えられ、身振り、言語による蓄積を基本として大脳皮質に蓄えられます。人間の脳のもつ情報量はおそらく一〇〇兆（一〇の一四乗）ビットほどでしょう。本で表せば二、〇〇〇万冊に相当するもので、世界最大の図書館の蔵書数に匹敵します。(『本の予約』一七三〜一七四ページ)

これはなかなか上手な要約になっているらしいので、『コスモス』という元の本を見ないままに孫引きをさせて貰った。学術書であれば（いや、普通の本でも本当は好ましくはない）許されることではないが、先を急ぐのでとりあえずご勘弁を願いたい。ところが「図書館は体外記憶装置」という認識のこの話の続きは、この本ではだいぶ飛んで先のページに出てくる。

人間の体外記憶装置である資料を大切に格納しておき、所番地を帳面につけておいて、そこへいけばすぐその資料が出せるようにした倉庫、それが元来図書館だったのです。ところが資料が増えてくるにしたがって、記憶のなかにある一つ一つの資料の所番地を知るためだけの帳面ではまにあわなくなり、カードを作り、カードの見出しに著者と書名と本のテーマ（主題ともいう。いわゆる分類またはそれを言葉にして、言葉から探せる件名順の見出し）の三つから自由に本が探せるようにしたのがカード目録です。（一九四ページ）

こうしてカードの話から検索システムに至る。なるほど、人間は三つの図書館を持つと表現したカール・セーガンという人は、なかなかすごい認識を示してくれたものだ。人間は頭の中に覚えきれないことは書物に書き留め、そういう書物をたくさんまとめて置いた所が図書館だ、というわけで、これは当然でもあり、分かりやすい説明である。

2　ベストセラーと図書館

以下の話、どこかで多分あなたも一度ぐらいは目にされたことと思うのだが。

「君は☆☆☆の書いた◎◎◎という本を読んだかい？」

「いや、まだ読んでない」

「早く読まなきゃ。すごいベストセラーで、出てからもう六カ月になるよ」

「へえ、そうか。ところで君はダンテの『神曲』をもう読んだ？」

「まだだけど……」

「早く読まなきゃ。出てからもう六百年になるよ」（高橋輝次編『古本屋の蘊蓄』燃焼社 一九九七）

図書館は無料貸し本屋か、という議論が始まってから久しい。図書館に対する嫌味の言葉である。ある本が出て、ほどなくそれがベストセラーになると利用者が図書館にどっと殺到し、それはおそらくすでに貸し出されているので、「予約」をすることになる。しかもそれはもう何十人もが申し込んでしまっていて、今頼んでも入手できるのはその先数カ月のことになりそうだ。それでもしようがないから頼んでおく。こういうケースが年に何回かあるだろう。そこで図書館が気を利かせて五部も十部も、あるいは予約者の勢いに押されてさらに数十部も揃えるということがある。しかし、数年もたたずして、ブームは終る。そのベストセラーだった本、何十部は図書館の書庫の方に静かに眠りについてしまっている。……この話はすでに前著で書いてしまったことである。

具体的には、図書館はどの程度いわゆるベストセラーに対応しているものだろうか。一例として三郷市立早稲田図書館の「図書館だより」二〇〇四年五月号に出ている予約の一覧表を借用させて頂こう。

順位	書名	著者名	予約件数	市内蔵書冊数
①	世界の中心で、愛をさけぶ	片山恭一	一一二	七
②	バカの壁	養老孟司	八四	九
③	誰か	宮部みゆき	八一	九
④	13歳のハローワーク	村上龍	七二	四
⑤	蹴りたい背中	綿矢りさ	五八	六
⑥	半落ち	横山秀夫	三九	八
⑦	幻夜	東野圭吾	三八	七
⑧	グロテスク	桐野夏生	三七	八
⑨	蛇にピアス	金原ひとみ	三七	七
⑩	葉桜の季節に君を想うということ	歌野晶午	三四	五

これを見ると見事に最近の「ベストセラー」ものが並んでおり、このように人々は今読みたいものを、時間がかかっても待つという意志を持っているということが分かる。気分として、今盛んに読まれているものを、皆が今のうちに読みたいと思っているのだ。話題になっているうちに読みたい。そんな人がかなり多いはずである。しかし現在の「予約」百番目の人がその本を手にすることができるのは、ここの図書館の貸出期間の規定が二週間の限度であるから、もしこの図書館に一冊しかこの本がなかったら一四〇〇日後、すなわち四年後に近いことになる。それでもこの予約者はガマンして待つのだろうか。ここに例の問題になっている蔵書の複本問題が関わってくる。幸い、この市ではこの本が七冊あるそうだからこれらが順調に回れば、百番目の人も半年で手にすることができるかも知れない。

この表は、また新しいベストセラー作品が登場した場合は、コロッと状況が変わるだろう。ベストセラーとはそんなものである。ほとぼりが冷めれば、人はそれを読む興味を失うかもしれない。

私がここで言いたいのは、昔のベストセラーは、図書館にしっかりと保存されているだろうかということである。最近時のものはむしろ逆にどうでもいいので、そんなものは多分ちょっと探せば普通の人の書棚にも残っているだろう。しかしもう少し前の、例えば戦前の、戦中の、戦後早々の頃によく読まれたものなどがうまく揃えられているだろうかということである。ベストセラーには、ほんとうに良書といわれるべきものと、一時の勢いで読まれるが実はたいして値打ちのないものであったという両方のものがあるだろうと思われる。

3　図書館の情報だけでいいのか

情報集めは何でも図書館だけでできるかと言われれば、このごろはそんなことはないというのが正しいだろう。特に量的な問題よりも質的なことについてである。評論家福田和也氏はこういう。

（ある会合で）中西（輝政）先生にお会いしたのですが、先生がその会でいろいろな話をされていて、それで分かったのは、先生は当時のホワイトハウスや国務省のスタッフの何人かときわめて親しく、その関係でさまざまな情報を直接得ていたということです。

そうした特殊な情報をもとに、さらに日本の学者の中では他の追随を許さない外交史にかかわる学問的知識や軍事に関する造詣によって、中西先生はきわめて的確な事態の分析

をされていました。（中略）
中西先生の、そうしたバックボーンを見て、私はうちのめされました。いくら、自分で多くの、内外の新聞を集めてみても、直接大統領の補佐官に話を聞ける中西先生に到底かなう訳がない。（後略）（福田和也『ひと月百冊読み、三百枚書く私の方法』ＰＨＰ研究所　二〇〇一、一〇三〜一〇四ページ）

こういう話はいくらでもあり得ることだ。人的な情報源の強さは書物にはるかに勝ることが多いだろう。人生のコツみたいなものも、人は多くの場合、ある先輩や師というような人物によって聞かされ、それがその人の後々までを規制していくようなことが少なくないのではないか。

大学を卒業して医者にはなったものの、作家という夢は捨てきれずにいました。そしてある先生に相談したのです。ろくな医者になれそうにないと（笑い）。すると先生は「それでいいのだ」と言い、ヤブ医者の極意を教えてくれました。
患者には三種類ある。ほうっておいたら死ぬのと、ほうっておいても治るのと、ほうっておいても治りもしないが死にもしない、この見分けがつけば大丈夫。つまり、ほうっておいたら死にそうな人だけは、自分で診ないで名医へ送る。その代わり、ほうっておいても死なないような人はヤブ医者が診ればいい。名医のなり損ないはプライドばかり高く、少しも世の中のためにならない。

確かにそうだと思いました。そして、僕は、ほうっておいて治ることは少ないけれども、死ぬことも少ない患者の多い、精神科医の道を選びました。（なだいなだ「もうひとつの生き方」内閣府編『時の動き』二〇〇四年三月号、一三ページ）

あるいは若いうちに海外留学などをして、その間に受けた学問的な影響やその環境の下でも影響などは書物では得られないことだったという話は、多くの留学体験者の語るところである。この話は無数の例があると言えるが、一つだけ挙げておこう。

君はこれまでの人生で、君の存在を否定されたことがあるか。強くはげしく否定されたことがあるか。君の全存在を否定されたことがあるか。君の存在自体が悪なのだ、と叫ばれつづけたことがあるか。

まだなかったら、韓国に行け。そこで君は徹底的に否定されるから。

君は日本で、生きることに必死になったことがあるか。まだなかったら、韓国に行け。そこで君は生きるということに裸で向き合わねばならなくなる。小手先のテクニックで生きてゆくのでなく、君の人格そのもので生きてゆかねばならなくなる。

感受性の鋭敏な頃、韓国に行け。そこで君の感受性はぐちゃぐちゃに破壊され、君の今まで生きてきた世界はもののみごとに崩壊し、君は地べたにこれでもかと叩きつけられ、かつてかっこよかった君はいまや汚辱にまみれ、誰に助けを求めることもできずに、「人間とは」「国家とは」「歴史とは」という「大きな問題」と全くひとりで格闘せざるをえなくなる。(小倉雅紀「ソウルへ、魂の留学へ」東海大学外国語教育センター編『留学の愉しみ』東海大学出版会　一九九七、一八九〜一九〇ページ)

この筆者にとって韓国であったものが、他の人にとってはアメリカであり、イギリスであり、またその他の外国であったかも知れない。しかし、海外留学で得たこういう類の体験はその人にとって何にも変えられない実体験であろう。このような「衝撃」を図書館は与えられるだろうか。

そんなことに関わって、もう一つ話を進めよう。先年、金完燮《キムワンソプ》著・荒木和博+荒木信子訳『親日派のための弁明』（草思社　二〇〇二年）という本が有名になった。日本人がかねて韓国から種々誤解され、反日的な言動を弄されてイライラしている時、韓国人でありながら極めて日本人に対する理解の進んだ論評になっているこの著書が、驚きと安堵で迎えられたのだった。

ふつうの韓国人がもつ反日感情の根底には、日本統治時代、朝鮮が多くの損害を受けたという被害者意識がひそんでいるようだが、日本人のほうは多くの恩恵を与えたと考えている。このようにおなじことについての認識がたがいに異なっているために、韓国と日本のあいだには深い感情の溝が生じることになった。韓国人にひろがっている反日感情の根本には、歴史学者たちによる恣意的な捏造と歪曲があり、これにもとづいた強力な反日教育と民族イデオロギー策動がある。（同書、一三～一四ページ）

例えばこのように書いているものだから、日本人はホッとする。これが韓国人の書いたものなのか、とまず疑うのだった。しかしそうだと知って驚きに変わる。本書の内容に突っ込むのはこの場での趣旨ではない。以下の「訳者あとがき」を紹介したいのである。

驚くことに、日本語版序文に本人が書いているように、金完燮氏は日本語の読み書きができません。本書に引用されている日本語を原文とする資料の多くは、インターネットにより韓国語で得たそうです。

というのである。韓国にあって、日本語を解することなく、しかしそんな人でもインターネットを駆使すれば、かくも本格的な資料収集とそれにもまして的確な状況認識ができるまでに学習ができるのである。著者の言には「図書館で調べました」という言葉はない。現代的なデータは確かにすばやくインターネットで見ることができる。しかし相当な歴史認識を得る状況までもデジタルの世界で処理されたようで、あらためてその場面での効力に感心してしまうのである。

図書館の力を超えるかも知れない他のものという例では、今述べたように必ずディジタル情報のこととなる。今やいろいろな書籍・資料をインターネットで読むことができるという話は分かったが、あ、こんなことも、という話をもう一つ具体的に述べておこう。本書の後（第三章19　自分史や社史は置かないのか）でまた詳しく触れる社史・年史を読むという話である。

企業や諸団体で発行する年史類は、一般の図書類とは違って関係ある範囲の人たちだけに配られる。だからどこの社史が何時刊行されたかは、ほとんどの人には分からない。まして多くの人にそれが読まれるということは皆無といってよい。

ところがこれがインターネットでは、誰もが無料でいつでもその本の全文が読まれるようになったのだ。「社史・年史デジタル図書館『社史の杜《もり》』」というものである。企業などで資料の保存管理がこのごろは大きな関心事になっているが、そこで早速アナログ情報とディジタル情報を補完し合ってより資料の保管を充実させるという意味で「デュアルシーブ」という言葉を造語して今普及させつつある株式会社ＤＮＰ年史センターで、この仕事をやっている（参照http://www.dnp.co.jp/cio/nenrin/dual/top.html）。今はまだ『王子製紙社史』『キリンビールの歴史』その他合わせて十二社のものでしかないが、これらがインターネットで自由に読めるのである。かって社史の読者はいかほどのものかと嘆かれたものだが、今後は社史もこうした形に乗せれば、ほとんど無限の人々を読者に得られることになり、社史・年史類に対する考え方も大きく変わってくるだろう。

4　図書館司書は「専門家」なのか

①司書さんに聞こうか

私たちは司書の方々をどの程度の専門家と考えたらいいのだろうか。図書館では何でも分からないことは聞きなさい、ということになっている。そのために参考係という人、あるいはレファレンスコーナーが用意されている。日々相当に利用されていることも知っている。しかし、本の調べ方を教えてくれるという専門家というのがあり得るのだろうか、と私はしばしば不思議に思う。調べ方といっても、調べるべき内容について相当程度知識がなければ、その参考書も選べられないのではないか。私は自分でライフワーク的に進めている一つのテーマを抱えているが、これについては、もう図書館の方に何か調べる手づるを聞いてみようとは考えない。相当マイナーな分野であり、一般性も少ないことなので、その内容を人に説明することもシンドイ。ちょっと図書館で聞いてみたこともあったが、やはりピンと来るような答えにはならなかった。でもそれは司書さんとしては精一杯のことであったはずだ。「どうもありがとう」とは言うが、何か、司書さんの力だめしをしてしまったような申訳なさを感じたというのが本当の気持だった。（研究者といわれる人々は多く図書館をそう見ているのだろう。）

経験の浅い段階では、司書は「何を聞かれるやら」と、恐ろしい気持でいらっしゃるのではないか。

図書館学とか情報学という範囲のものを修学されても、自然科学や他の苦手の分野に掛かったら、敵わないと思われるだろう。渡部幹雄氏の著書『図書館を遊ぶ』(新評論　二〇〇三、三三ページ以下)に司書の人材一覧という話が出ている。図書館の人材配置として相応の専攻分野の人を配置せよというのである。「0門　総記担当司書」として「大学以上で書誌学および図書館情報学等を専攻」した人をおくべし、「1門　哲学」には「哲学関係分野」の人を、「2門　歴史」には「哲学関係」、「3門　社会科学」には「法律、経済、社会学」、「4門　自然科学」には「自然科学」、「5門　技術産業」には「工学」、「6門　産業」には「農業、商業、製造分野」、「7問　芸術」には「芸術」、「8門　言語」には「語学」、「9門　文学」には「文学」と、それぞれの専攻分野の人を司書として採用すべしというのである。できればこういう配置は概ね適切な主張であろう。そしてこの本でもう一つ、これはと思われる指摘があった。

大学院で理学博士号を取得したスタッフから人文系出身者による理科系の本の選書について感想を聞いたことがあった。人文系の人にとっては難解と思われていた本が、理科系

の人にとっては入門書であったというバランスの悪い選書であった。（同書三一ページ）

こういうことがあるので、司書はどこまで自信を持って、選書あるいはレファレンスに当たっておられるのかなあと思ってしまうのである。でも図書館の司書さんは時として専門家然としたところがある。非専門家、と言ったら怒られそうでもある。ウーン……。

そんなことを考えている時に、薬師院はるみ氏の「専門職論と司書職制度：準専門職から情報専門職まで」（『図書館界』二〇〇四年五月号）という論文を読む機会があった。これによると、まず「司書は、専門職ではなく、準専門職といわれてきた」のだそうだ。なるほどそういういい方があったか。普通誰でも納得する専門職といえば、医師・法律家・大学教授などである。そういう場合に比べると、司書は「抽象的な知識体系に基づく長期にわたる特殊訓練が行われて」いるほどのものとは思われない。で、司書は「専門職と非専門職との間に存在する境界線上に位置している」のか。ある学者は準専門職とは専門職に比べて「訓練期間が短いこと、身分が正当化されていないこと、専門の知識体系が存在しないこと」が準専門職の特徴と挙げている由である。

司書はとにかく図書館に勤めていなければどうしようもない。その図書館が行政の低い下部組織に組み込まれている間、どうにもならないだろう。薬師院氏のこの論文の結語はこう述べている。

司書の専門職化を完遂し、図書館をより充実した組織へと発展させるためには、外的な条件から目をそらせることはできない。図書館という機関の対外的地位が向上し、その内在的価値が額面価値として外的に認知されるようになれば、おのずと司書に対する知識要求は高まり、もし図書館員がそれに抵抗したとしても、高度な専門教育や厳格な資格制度が課せられるようになるであろう。（上掲誌一一ページ）

と述べている。基本的に今の司書の資格を取るのは容易である。それを簡単に取れて高度の専門職です、ということはあり得ないだろう。

一九九九年現在、全国で大学短大を併せて一九四校が司書養成の課程を持っている。（中略）司書過程で資格を取得した人の数は年間一万人以上に上るが、実際に図書館に就職した人の数は七四校で二一〇人である。実に全体の三分の二にあたる一二〇校では一人も図書館に就職していないということである。

図書館の専門家として勤められる卒業生がごく少数にすぎないのに、なぜ大学でそんなに大量に司書養成が行われているのだろうか。それは大学の関係者にとって、学生のあいだに存在する資格幻想を受験生集めの看板として利用することが有効であると受けとめられているからである。司書は、教職や学芸員資格と並んで大学において専攻を問わずに取得できる数少ない法定資格の一つである。また、通常、国家資格にはつきものの試験がともなわない。教職に比べて取得すべき単位数は少ないし、実習のような手間のかかるものは義務づけられていない。つまり、大学側にとって開講するのに比較的費用がかからないし、学生にとっても取得は比較的楽なように見える。図書館への就職はできればよいが必ずしも卒業と同時にできなくてもよい。むしろ、将来、再就職するときのための投資というような意識が学生には強いものと思われる。(根本彰『情報基盤としての図書館』勁草書房　二〇〇二、三九ページ)

こう楽屋裏が知れてしまった以上、司書の専門性に対する期待はちょっと白けるものがある。むしろ現場の経験の積み重ねが重要なものになっているのだろう。着任早々の人であればいきなりの期待はムリというものだ。医者だってインターン時代にどれだけ誤診を重ねていることか。それが次第に経験を重ねて名医に近づいていくのである。確かに、図書館現場で、うなるような名レファレンスを得られることだってある。私たちは図書館司書の皆さんにもっともっと修練熟達を期待し、さらに突っ込んだレファレンスに応えて頂けることを望んでおこう。

②参考図書

「参考図書」というのは何なのだろう。図書館に入ると多分すぐ目につく参考図書室という別室がある。行ってみると、「ここは参考図書を使う人だけの部屋です」的な表示があったりする。見れば辞書類や百科事典、何々辞典、年鑑、地図書など分厚い、そして全何巻という大部なシリーズ風の大型本が目立つ。また「禁帯出」という特別のラベルの付いている本が多いのである。要するに普通の本のように読むものではなく、繰ってみるという印象の、いわゆる融通の利かない図書が並んでいる。そして「参考係」という係員も配置されているぐらいだから、レファレンスしようという場合など、簡単に百科事典など繰れば出てくる質問などを想定して、利用者もまず辞書・百科事典などを調べてみよ、ということなのだろう。

ところが最近はこの参考図書室がなくなっている図書館があるようだ。一般書と一緒に配架

（これもふだん聞かない言葉だが）されているのだそうだ。私にはこれの方が好ましく思える。あの参考室の重苦しいイメージは好ましくなく、自然科学や社会科学といった区分の中での「参考」書を探した方が現実的だと考える。要するに普通の考えでは本はすべて参考にするもので、まあ小説類は別かも知れないが、参考図書というのは奇妙だ、と私は考える。

③総　記

次に出くわすのが、図書分類の中にある「総記」という言葉である。これも図書館では必ず聞かれる言葉だが、一般に用いられる言葉ではない。『広辞苑』でこれを引いてみると、「①全体についての記述」とある。これではハッキリしないが、「②図書の十進分類法による区分の一。百科事典・新聞・雑誌などを含むもの。」と出てくるから図書分類ではやむを得ないかと思うが、皆そんなことで納得するのだろうか。私は本書を執筆するに当たって、相当たくさんの図書館関係の本を参考にしなければならないと考えているのだが、それらの本を図書館で探すならば、早速この「総記」つまり数字では「０」のところを見なければならない。その０１０～０１５周辺に多いはずだ。これは要するに図書分類の定めであるから、やむをえない。「総記」という言葉にもすんなり従うことにしよう。

④奉　仕

「奉仕」という言葉も私たちにはなじみ難いものである。図書館に入ってみると、その内部の組織には多く奉仕部とか奉仕係というものがある。これはメーカーでいえば工場に当たる現場である。要するに利用者には一番関わりのある部門である。しかし、私たちは館員さんから「奉仕」されているという言葉の感覚を味わってはいない。この言葉を聞いて思いつくのは、昭和一桁生まれの私には戦時中にしばしば用いられた「勤労奉仕」という言葉だけである。『広辞苑』を引いてみる。「①つつしんで仕えること。②献身的に国家・社会のためにつくす。（勤労奉仕、社会奉仕）③商人が客のために特に安価に売ること。（奉仕品）」ということで、いずれの解釈も図書館の世界で用いられている「奉仕」という言葉とはなじまないような気がするのだが。それでも図書館の人々は私たちに「奉仕」して下さっているのである。これは恐れ多いことであった。

それにしても、どうして図書館関係者の一部の人々の書く本は固いのか。章・節と普通の本のように分けて書いてくれればよいのに、図書分類を応用したものか、数字ばかり並べて章節項目を羅列して、まるで読みにくい。例を一つ見てみよう。ミルズ・ジャック著、田窪直規他訳『資料分類法の基礎理論』（日外アソシエーツ）の第三章。章だけはどうやら「章」を使っているが、その後は数字を並べて区分がされている。結局以下のような形になる。

3・1、3・11、3・2、3・3、3・4、3・41、3・42、3・753、

3・753・1、3・753・2、3・753・21、3・753・22……

という具合に際限なく続く。こんな項目立てで人が読むと思っているのだろうか。図書館屋さんは頭の中まで図書分類法で固まっているらしい。これでもやっぱり図書館の人は私たちに「奉仕」して下さっているのだろうか。

⑤館員のエプロン姿

図書館に行けば、たいていのところでは館員さんは多くエプロン姿で仕事をしている。それはすでになじみの格好であり、むしろそれが図書館員のユニフォーム化しているようにも感じられる。本を抱えれば汚れるし、それを防ぐには手頃なものだろう。しかし、私などは抵抗がある。なぜ家庭の台所姿のような内輪の形を職場で、しかもお客相手の場でそういう格好をするのだろう、と考えていた。そのうち立て続けに二、三の論者が書物の中などでこれについて触れているのを見ることになった。

たとえば自治体の方針や図書館の方針で制服を着用しているのか否かでも利用者が受けるイメージは大きく異なってくる。図書館は、住民が日常生活の延長としてリラックスして利用する空間であり、きわめて日常的なものであることから考えても、制服を着た職員が事務的に応対するような所はつい利用者の方が構えてしまい、職員との間に距離ができるばかりか図書館そのものが非日常的な空間となる。そうなると、よほど必要に迫られたときぐらいしか利用しなくなり、普段着でちょっとふらっと行ってみるかという雰囲気にならない。誰もが気兼ねなく利用できなければ図書館としての存在意義がなくなってしまうし、誰のための図書館かという基本すら忘れられてしまうことになる。

一方で、エプロン姿で働く図書館員がいる。職員が空気のような存在となって住民の日常生活に溶け込み、非常に和やかな雰囲気を館内に醸し出している。（後略）（渡部幹雄『図書館を遊ぶ』新評論　二〇〇三、五七～五八ページ）

これはエプロン姿が気軽な雰囲気を持ち込んでいるとして大賛成のご意見である。しかしそういう意見だけではない。

私は、図書館員はグレードの高いユニフォームを着て、氏名票も付けてスマートに利用者と応対したいものだと思っています。ユニフォームの着用は、その職業に誇りを持つと共に、自らの存在を明らかにして、何時でも何でもお尋ねくださいということをアッピールすることでもあると思うのです。そのユニフォームを着たいから図書館員になりたい、と考える児童が何人も出現するようになったとしたら、これまた素晴らしいことではありませんか。（中略）

ユニフォームには、オフィスユニフォームとサービスユニフォームがあります。市役所のオフィスユニフォームを図書館にも当てはめようとしても無理があります。図書館はサービスユニフォームと作業衣が必要なのです。

（中略）図書館職場だけのユニフォームとして、女性にはブラウスとカーディガン、スカートかキュロットの何れかが貸与されるようになりました。男性はこれまで通りのブレザー、そして明るいグリーンのエプロンを作業衣兼用として男女ともに新調しました。そして今も、館内の職員はこのお揃いのユニフォームを着用し利用者に明るく対応しています。（山本宣親『図書館づくり奮戦記』日外アソシエーツ　一九九六、四七〜四九ページ）

この両者は対照的な感じさえも受ける意見である。もう一つ別なところでもエプロン談義が図書館関係雑誌に出ていたことがある。してみると、これはこの頃相当に話題を呼んでいることなのかもしれない。難しいレファレンスを頼もうとする時には、専門家らしい然るべきユニフォームを着た館員を探し、ちょっと本の場所でも聞こうかとするならやさしそうなエプロン姿のお姉さんに、ということになろうか。難しいことになってしまった。

⑥「資料」って何ですか

図書館に本を借りに行く、すると『利用カード』と借りたい資料を貸出カウンターに出して下さい」と言われる。「資料？」とたいていの人は驚くのではないだろうか。利用者は本や雑誌、ビデオなどを自分で読んだり見たりするために借りたいので、何かを研究するための「資料」として、そんなに堅苦しいものを持って帰ろうとはしないと思う。

たしかに「本、雑誌、紙芝居、ビデオ、ＣＤ、カセットテープ」などをくくっていえる言葉は難しい。あるいは何かを研究する人にとっては本や雑誌はたしかにその場合の「資料」である。しかし普通の読書のための本が「資料」というのはどうしてもなじめない。

どの図書館でも例外なくこの言葉が用いられているし、それでいいのだ、と説得されればそれでおしまいであるけれど、ひまつぶしに軽い雑誌を読んでいても「資料」を読んでいるのかと思うと、ちょっと気が重くなる。

⑦図書館がもぐり営業？

ある知人に聞いた話。その人の住む市の市立図書館には四、五個の分館があるという。その所在は市内の何箇所かの公民館とか市役所の出先機関（何地区センターと呼ばれている由）の中に同居している。これらはどこの市町村にでもある形態なのかもしれない。そしてこの中に存在する図書館分館はれっきとしたもので、蔵書数万冊を擁し、多数の入館者もある。

ところでこれらが入っている建物というのは市の出先機関である。ここには、図書館分館の表示がどこにもまったくないのだそうだ。一度何かの用事でこの建物に入った人は、おや、こんな所に図書館がある、と知って以後はこれを利用するようになる。しかし図書館が身近にあってもこの建物の中に入らないかぎり、分館があるとは知ることができない。看板が掛かっていないのだから。多くの人は図書館利用の機会損失を喰らっているかも知れないではないか。

知人はある機会を得て、ここの中央図書館長に「どうしてああいう所には図書館分館の看板を掲げていないのですか。初めての人にはまったく分かりませんが」と問うたのである。日々の評判もいい、好感の持てる館長さんだという。ところが館長はこの話になると途端に歯切れが悪くなった。だいぶんムニャムニャいろいろ難しいことを言って知人はほとんど理解し難かったが、要は「当市の財政上、国の補助などを貰っているので、そういう建物の中では、市としてはこういう場合看板は出し難いのです」というようなことを言われたそうだ。

知人は「えっ!?」と驚き、「だって、そんなことは行政間の問題でしょう。通りすがりの市民がここに図書館分館があればすぐに入って利用できる。それが気付かれないのですから。何の意味ある話なのでしょう。是非看板は出して下さい」と嘆声まじりに話した。「何か、図書館はこっそり、もぐり営業でもしている感じですねえ」と言い、さらに「まったく行政の常識は市民の非常識ということですねえ」と館長に言ってみると、なぜか館長さんは「行政の常識は市民の非常識……」と反芻してつぶやいておられたそうだ。

公立図書館の周辺には、こうした問題点が無数に存在するのではないだろうか。ちょっとした不思議なこと、不合理なこと、デタラメな話、そしてそういうことに行政がまったく気づいていない、あるいは自らは不適切なことと思っていないことが多いのである。これは市民が声を出して言ってあげないといけないのだろう。図書館員（市職員）のためにも、もちろん市民自身のためにも。

5　図書館は営業すれば儲かるか

またヘンなテーマを持ってきやがった、と思われるかもしれないが、私たち民間出身の人間はすぐにこういうことを考えるのである。行政のやっていることについての批判は、民間の仕事と対比して考えると分かりやすいことが多いからである。

私たちは今日、図書館を無料で利用し、無料で本を借りて帰っている。本来これはたいへん感謝すべきことであると思うが、もう皆慣れてしまい、当り前のことと思っている。しかし、この図書館を無料で使えるようになった経緯はたいへんなものがあったと聞く。だが、実は受益者負担の考え方からすればどうなのか、ということはなお残る。何百冊借りても、一冊も借りない人といっしょでよいのか。公営の博物館は無料だが美術館は有料であることが多い。それぞれ性格・内容が違うよと言われるだろうが、やっぱり本質的に考えていくと疑問が生じてくる。図書館がいくらでも無料で本を見せてくれるものなら、そこで取るコピーも無料でもいいじゃないか、と考えないでもない。

元はといえば、公共図書館は全部税金が使われている。「出版統計によれば、現在、国民一人あたり平均年間八冊の書籍を購入するという。それに対して、図書館統計によると国民一人あたり平均四冊の図書館資料を借出すという計算になる。」（根本彰『情報基盤としての図書館』勁草書房　二〇〇二、五八ページ）というのが国民平均の数量的な本の入手の状況なのだが、今の書籍の平均単価二五〇〇円を掛けると、一人二万円の本を買い、一万円に当たる本を借りているということになる。

さて別の統計を用いることになるが、仮に十五万人の中規模市があるとし、そこの図書館に用いている費用が一億五千万円とする。一人当たり一〇〇〇円の支出である。一方、この市の平均年間貸出冊数は五冊である。これらは現実に近い数字である。一冊当たり二〇〇円の費用が掛かっていることになる。もしこの市立図書館が商売気を出して「今後市からの援助は一切受けません、誰にでも、どこの市民にでも、一冊当たり二五〇円で二週間限度で本を貸します。本をお買いになるのに比べて一割の費用で済みますよ。さあ、いらっしゃあい。」と言ってこの成果となったとする。すると、貸出される本の五〇円の粗利から、諸経費を引いて、なにがしかの純利は出そうである。配当金も出せそうだ。

この元市立・現営業図書館は相当儲かることになる。この「株式会社営業図書館」の社員は、現有図書蔵書数で、より多くの貸出を行なえば、つまり回転率をたかめればもっとコストが下がり、さらにこの会社は利益が増える。社員は給料が上がり、ボーナスが増えそうだと見て、懸命により貸出の増えそうな本を選ぶことになろう。また図書館の存在を広報宣伝し、より親しみ易い図書館ということで、サービス改善に力を入れるだろう。ひょっとすると、近隣で他の図書館も株式会社になってドンドン自館の宣伝に力を入れてくるかも知れない。これは競争だ、負ければわれわれの会社はつぶれてしまい、明日から路頭に迷うことにもなりかねない。ガンバレ！と他社に負けないような営業戦略を考えるであろう。

という話は実際にはまったくあり得ない話だろうか。まあ、冷静に考えると、この株式会社営業図書館はいささか現実離れしているかということにも気づく。今の図書館に求められている理想像からはある面で遠のいていくということに気づかれる人が多いだろう。こんな営業主義の図書館があるとすれば、人の借りそうな本だけを置くことになり、滅多に借りられないだろうが少数の人には貴重な本というものは、きっと買い置かれないだろう。貸し本屋さんはこの原理なのだ。最近は見られなくなったが、それは図書館で無料で借りられるようになったからだろう。

図書館サービスという点だけにしぼれば、あり得る話といえるのかもしれない。

6　図書分類とは

私は「図書分類」について、ある人と話合ったことがある。

私――ところで、図書館の本に貼ってあるあのラベルの記号や番号というのは、分かりにくいもんですねえ。

図書館に詳しい人――おや、あなたのような読書好きな人でもそう感じますか。これは意外でした。

私――まあ、図書館にはたくさんの本があるのですから、何らかの方法で分類しなくちゃならんということは分かりますが、いきなり105とか358とか言われても、まあ、チンプンカンプンです。図書館に行っても、ほとんどあれは絶望的です。しかも、貼ってあるラベルが三段表示になっていて、それぞれに数字や記号が書いてありますよ。そうだ、一番上だけが数字があり、後は空欄にもなっているのもあるし。それに場合によっては、図書館ごとに分類方法が違うということもあるのですかね。どうも図書分類というヤツは分からない。

図詳――そういわれるのなら、図書分類法についてすこしお話してみましょうか。焦らずに聞いて下さい。まずいちばん普及しているのが「日本十進分類法」です。

私――ああ、言葉としてはよく聞きますね。

図詳――まず、これから見て下さい。000が総記、100が哲学、200が歴史、300が社会科学、400が自然科学、500が技術・工学・工業、600が産業、700が芸術、800が言語、900が文学、ということです。

私――なぜそうなったんですか。なぜ、歴史が200で、芸術が700なのですか。

図詳――ウーン、それは機械的なものではないでしょうかね。郵便番号や電話番号のように。

私――そうだ、思い出しました。この分類の説明は何度も見たことはあるんです。そのどれもが、今言われた方法ですね。全体をまず述べて、0から初めて9まで行く。今おっしゃった総記から文学までですね。その次にはその中のどこか一つ、例えば8なら、そこで81、82、……と説明し、さらに、82から枝が分かれて821、822、というように行くというヤツですよね。決まった説明法です。それは。まあ、仕方ないのでしょうが。

図詳――何かご不満ですか。

私――だってその分類法でどこの図書館でも共通であればいいけれど、その通りになっている図書館ばかりではありませんよね。同じ本が図書館によって違う番号記号がくっついていますし、何かまだいろいろ着いていませんか。あるいは、もっと単純な所もありますし。

図詳――ああ、それはありますけど、日本の図書館ならほとんどがこの日本十進分類法ですよ。専門の図書館では、その内容が偏りがありますから、図書館ごとに別の決め方をしているところはあります。しかし、基本のところは概ねこの十進法で収まっているはずです。その上で、お使いになる図書館ではどういう方法で分類表記が定まっているかを確認なさって下さい。

私――そもそも分類といいますとね、植物分類、動物分類などがありますね。昔、高校の生物の時間に「門《もん》・綱《こう》・目《もく》・科《か》・属《ぞく》・種《しゅ》」なんて暗記したことがあります。動植物なんかは、見た目にも分かる違いがありますから分かりやすいのですがね。ところが図書分類というのは、数字で分けようというから、どうも抽象的ですよね。ものの本でも、「図書分類といえば、十進法分類という言葉をすぐ思いつくが、図書分類は現在社会で当面する分類の最大難問であろう。それは図書の種類、つまりパラレル・タクソン（引用者注　あるシステムにのっとって設定された分類単位）の数が他に類を見ない膨大な数になるからである。」（中尾佐助『分類の発想』朝日選書　一九九〇、六一ページ）と識者が書いています。「類型分類」ならずっと以前は、植物は高木、低木、亜低木、草に分けたそうです。（同書八八ページ）それからどんどん詳しく分けていく。まあ、私もこの本でずいぶん分類というのはおもしろいものだなあと感じましたよ。

日本の農学では「野菜」と「蔬菜」の区別をするそうですが、「蔬菜」は栽培されたもの、「野菜」は野生のものというのが本来の意味での区分だそうです。

図詳——分類の一般論をすこし勉強されたのですね。

私——そうです。ほんのちょっとですが。分類のための標準、基準をクライテリオンというそうですね。いわゆる範疇ということです。(前書五二ページ)「例えば植物を分類するとき、体制が根、茎、葉に分化しているか、その中に維管束がどうなっているかといったクライテリオンが重要である。これはコケ類、シダ類、顕花植物などの陸生植物では基本的なクライテリオンになっている。」(五二ページ)ということです。書物の場合も科学、文学、芸術とかに大きく分けていくという方法が分かりやすかったのではないでしょうかねえ。文学は小説、非小説に分けたり、小説は悲しい小説、可笑しい小説、恐ろしい小説……なんて分類が考えられそうですが。

図詳——あなたは面白いことを考える人ですねえ。それではいつまでたっても全数の書物の分類には到達しません。でも考えてみると、小規模の図書で、特定のテーマに限られた場合はそれなりの分類で構わないし、そういう分類が理に適うということもあります。一つあなたご自分の蔵書でユニークな分類をなさったら如何ですか。

私――いやいや無駄口たたきました。話戻って、図書の分類法について正しい話を教えて下さい。

図詳――図書十進法だって、その発想についてはおもしろいエピソードがあるのです。この元はM・デューイという人の発明になるものですが、彼が一八七二年、アーモスト大学生の時、大学図書館でアルバイトでしょうか、職員をしていたそうですが、多くの文献を読み、諸図書館を訪れ、いろいろ考えているうちに、ある時、礼拝堂の中でもっともよい図書分類法というのが閃いたそうです。「人間のすべての活字になった知識に番号をつける分類で、最も単純なシンボルであるアラビア数字を十進法として『用いること』だった。デューイは脅迫観念論者の夢を実現した。人間の全知識を十個のきっちりした穴の中に入れたのである」（藤野幸雄他『図書館情報学入門』有斐閣　一九九七、一三七ページ）とね。

私――現在ごく普通に使われている十進法が、そんなことで発明されたのですか。

図詳――図書の分類は、最初、目録をつくるというところから考えられていました。これを「書誌分類」といいます。図書館は資料の保存ということに徹していたから、それで事は済んでいたのです。目録で書名、著者名、主題などから検索できればよいということだったのです。しかし、利用者は書棚でツーッと見ながら本を探しますね。すると、どうしても書架上で見やすい分類が必要になります。いわゆる「書架分類」です。類似の主題の本は近くに存在する。そうすれば、自分が知っている題名の本を探している人も、もっと適切な本をそばで見つけることができるかも知れません。

私――なるほど。

図詳――そんなわけで、NDC（日本デシマル・クラシフィケーションの略称）もこれに利用されていますが、これは日本で使われるという前提においてたいへん便利な実用的な工夫がされています。

私――と言いますと。

図詳――例えば、歴史は200ですが、日本史は210です。アジア史、東洋史は220、ヨーロッパ史、西洋史が230です。わが国の分類ですから当然「日本史」がたくさん本としても出版されているはずだし、したがって図書館にも多いはず。日本だけの幅が「ヨーロッパ、西洋」「アジア、東洋」と同じスペースを貰っているのです。地理的に言っても、日本が210ですから、北海道211、東北地方212、関東地方213、ついでに言えば213・1が茨城県、213・2は栃木県と進められます。先の220の東洋から、中国は222、東南アジアが223で、ベトナムは223・1、シンガポールは223・99と行きます。

私――なあるほど。それでバランスよく配列できるわけですね。論理性の中に意外に現実的な

配慮もされているんだ。(以上　千賀正之『図書分類の実務とその基礎』改訂版　日本図書館協会、一九九七　参照)

図詳——ところで、図書分類は例えば「科学と宗教」みたいなタイトルの本なんかがあったら、どちらに置くんだという疑問が起こりませんか。

私——そう思います。私も今、言おうとしていたところです。

図詳——そういう場面はしょっちゅうあり得ますね。こうした複合主題の場合はどうするか、それはそういう方法があるのです。

また分類記号で図書を区分する場合があります。例えば「サルトルの哲学」は

１３５・５４（ＮＤＣ）
ＨＤ１３１（ＮＤＬＣ）
Ｂ２４３０・Ｓ３—３４（ＬＣＣ＝米国議会図書館分類）

というように着きます。(前掲書)

私——ちょっと待って下さい。ＮＤＬＣというのは何ですか。

図詳——アッ、失礼しました。国立国会図書館は National Diet Library ですが、ここでの図書分類法がＮＤＬＣというのです。この館の蔵書構成と機能を考えて、特別な分類が用いられ

ています。まあ、国立国会図書館の蔵書分類は複雑ですから、別のところで説明することにしましょう。（第二章11①国立国会図書館の項を参照）

和製ロビンソン・クルーソーの漂流

フェリーで東京湾を出て北海道に向かうつもりだった私は、その途中ものすごい台風によってフェリーが転覆し、投げ出されてしまったのです。多分その時に失神してしまったのだと思います。気がついてみれば私は小さなボートに乗って漂流していました。誰かが救命用のこのボートに私を乗せてくれ、その後その人はこのボートから落ちてしまったのでしょう。私はとにかく、すぐ目の前に近づいていたある島に漂着したのでした。

私はともかくこの付近の全体の状況を知りたいと思い、グルッと一回りすることにしました。まずはこの島がどれほどの大きさのものなのかを知りたかったからです。しかし驚いたことに、私はすぐ一個の大きな建物を発見しました。玄関口にはなんと「孤島立図書館」と墨痕鮮やかに書かれた大看板を掲げていたのです。とにかく中に入ってみました。ざっと二、三十万冊の本があるであろうと思われるものです。しかも不思議なことには、全体が極めて新しいのです。そして人がほとんど利用した形跡が見られません。どうしてこんな絶海の孤島に、かくも立派な図書館が存在しているのでしょう。

館の入口にまず受付カウンターがありました。この図書館は地上三階、地下一階建てで、地下部分は書庫が大半を占めているようです。一階にはロビーや新聞雑誌閲覧室の他、館長室や事務室がありまます。利用者用の喫茶室まであるではありませんか。「おう、気が利いているな」私はこの「喫茶室」に入ってみました。何とこれが、今開店直前状態でありました。コーヒーもミルクも砂糖も揃っています。今朝焼いたばかりに違いない軽い美味しそうなパンまでたくさん置かれているじゃないですか。私は椅子にゆったり座り、テーブルに熱いコーヒーを置きました。私は自分が絶海の波の間に間に漂流を続け、幸いにこの島に漂着して今たまたまこの不思議な図書館に入り込んでいるのだ、ということをしばし忘れそうになりました。それほどゆったりと落ち着きを与えてくれる、この図書館喫茶室なのです。そして、私は考えました。

……以前よく私もアンケートなどに煩わされたものでした。「あなたは絶海の孤島に流されたと仮定した場合、本を一冊だけ持っていくことを許されたとしたら、どんな本を持っていきますか」という例の通俗的な質問です。答はその人の読書傾向を占うものとなります。……聖書を持っていきます。万葉集を、源氏物語を、『嵐が丘』を、といくらでも答はあり得ると思いますが、あれはいやな質問でした。およそ本を一冊だけ挙げるというのは考え難いものだからです。私も何度かこの質問を受けて困ったことがあります。しかし、今私の目の前にある状況はどうでしょうか。この質問の、まるで逆な状況じゃありませんか。「あなたは絶海の孤島に流されたと仮定し、そこに万巻の書物があったとしたら、どの本から読み始めますか」という質問が来たようなものなのです。読むべきは私一人。今後何年間私はこの島に一人でいなければならないか、それは分からない。いったいどれから読み始めよというのでしょう……。

きょうは一回りするくらいで自分のねぐらに帰るとして、明日からはこの図書館の全貌を確認し、その後、いよいよこの図書館の何の本から読み始めるかを考えなければならない、と私は思いました。しかしまてよ、私は先ほどまでは、島の一カ所に洞窟でも探し求め、居宅とすることを考えていました。だけどいっそのこと、この図書館に住み着いたらいいのではないでしょうか。私は半日かけて館長室を改造して、住み家として使いやすいものにしたのです。

その翌日、私は自分をこの孤島立図書館の館長に任命しました。辞令を書きました。「図書館長を命ずる。」次に館内に必要な掲示を張ったり、注意書を用意しました。まず「静粛！」と。図書館は静かにして貰わないといかん。アッ、だけどここでは多分、利用者といっても私一人です。次に図書の利用規定、「お一人十冊以内、貸出しの期間は三週間までと致します」よし、これはそれでいいでしょう。「レファレンスは、どうぞご遠慮なく。分からないことは何でも館員にお尋ね下さい」しかし、館員といっても私しかいないのです。レファレンスといっても私が応えなければなりません。難しい質問をしてこられたらかなわんなあ、と私はビビりました。でも利用者は私だけなんだ、レファレンスお願いしますといったって、私が聞かなければ誰もいないのですね。

こうしてこの図書館を整備しながら、館内の様子を理解していきました。私は時に館側の人間になったり、時に利用者になってみたりしたわけです。だが肝心なことは、私にとってここは、絶好の暇つぶし場所になるであろうという予感と、それにしてもこの何十万巻の書物を徐々にでも読み始めていかなければならん、というのはいかにも大儀であり、苦痛にもなってきそうでした。どこから読んでいけばこの膨大な図書館の蔵書を読み尽くせるものでしょうか。（よし、この図書分類の0類、1類、2類、という順に読んでいこう、しかも、それぞれ0類から順に三桁の番号までの、まず代表的なものと思われるものを勝手に選んで読んでいこう、それで一巡するのに三年かかるとして、それを何回繰り返すことになるか。まあ、考えてみれば読書三昧で暮せるというのは、かって私の理想とした生活だったじゃないか。それが奇妙な形で実現してしまったのだ。）

私はそう思い、そして実行に移ったのです。閲覧室の中で日当たりのよい席をとり、おもむろに椅子に坐りました。本を読み飽きれば、喫茶室に入りました。一人、濃い目のコーヒーを淹れ、また読書を続けます。夕方七時になると、スピーカーから「ホタルの光」の曲が流れます。「皆様、本日はご来館有難うございました。この図書館は七時で閉館となります。明日、またのお越しをお待ち申上げております」ときれいな女性の声が流れました。誰がそんなことまでセットして行ったのでしょうか、それは分からないのですが、これを聞けば、私もキリがつくというものです。「オッ、もう閉館時間だ」私は席を立ちます。だが、館を出なくとも、そこが住みかになったのでした。

……こんな日々が相当続きました。さすがに飽きが来たのです。私は、（いつまでこんなことをしているんだ。自分でここを脱出する努力をしないのか？）と自問自答しました。（そうだ、そのために図書館があるんじゃないか）私は先に定めた十進分類法による体系的な？濫読をしばし休止して、脱出可能性を探る本があるか調べることにしました。……それはありました。館内にはパソコン端末が一台おかれていましたから、事項検索として「絶海の孤島」とか「孤島、脱却」で調べると何件かの該当する資料が浮かびあがり、本のタイトルも確認できました。著者が日本人のものと外国人の翻訳二件と、三冊もそれらしいものが見つかったのです。しめた、と思いました。でもうまくいかないものです。やがて、私のこの文章は結局家族への遺書というべきものとなるだろうことが分かりました。該当の書架を見たのですが見つからないので、はて？と思い、また端末で引いてみると、なんと三冊とも「貸出中」になっていたのです。

第二章　図書館力中級

―読書三昧の境地へ―

ある程度行きつけの図書館が決まったというほど図書館に通うことを覚え、時間のある場合は館内で本を読む、あるいは調べ物をする。この図書館にはどこにどういう本があるのかがほとんど頭に入り、館内の蔵書の存在を十分に認識できて効率よく図書館を使うことができる状態、これが中級である。（そういえば、世の奥様方でも、行きつけのデパートやスーパーでは、目をつぶっていてもめざす商品のある場所にサーッと走って行ける「デパート力」中〜上級の女性がたくさんいらっしゃる。それにヒントを得たというわけでもないが）何か知りたいことがあってすぐには分からない時は、参考係にレファレンスを求める。読みたい本が書架になければ、館内のコンピュータ端末を用いて求める本の所在を調べる。この図書館に蔵書としてはあるのだが、今は貸出中ということが分かれば、「予約」を入れる。そのうち順番がくれば自宅に電話が貰えるだろう。また、求める本がこの図書館にはないということが分かれば、「よし、買って貰おう」と考え、その手続きをして帰る。多分、カウンターで「必ずお求めできるとは限りませんが」と念を押されるだろうが。つまり、どんな図書館でも予算枠があるし、また購入基準というものがあるはずだから、頼めば必ず買って貰えるとは限らない。でもその館で購入はされずとも、近隣地域の図書館にその本がある場合には融通して貰って届けてくれることもある。都道府県立図書館や国立国会図書館など上位の図書館から借り出してくれることもあるのだ。

こうして図書館力中級となれば、あなたは図書館の存在をハッキリ認識する。図書館がなかったら自分はたいへん困ってしまうという気持になる。図書館に対する全面的な関心も強くなっている。したがって昔から図書館ってあったのか？　以前のそれはどんなものであったのかをも知りたいと思う。外国ではどういう状況なのだろう、ということも知りたくなる。

さらに関心が高まると、自分がこんなに興味をもった図書館というものが、小説などではどんな形で出てくるものかなあ、ということまで気になってくる。自分は図書館で読書三昧に陥るのであるが、他の人々は図書館をどう思っているのかということまで関心の対象になってくるのである。こうして読書は図書館でしよう、読む本はどんどん図書館で借りよう、ということになってくる。　まあ、このように概ね身近な図書館を使いこなせるようなら、図書館力は中級に至ったとみなされるであろう。そして読書三昧にふけることも十分できるのである。

7　昔の図書館

①古代アレクサンドリア図書館のこと

話はついでに図書館の歴史というところまで行ってしまった。人間の頭の中の知識を本に書きとめ、それを集積したところが図書館だっていうのは簡単で分かりやすいけれど、いつ、誰がそういう装置を発明したのだろう。また先の人に話を伺う。

私――もともと図書館というものは最初はどういう形だったのでしょう。

図詳――そういうことなら、図書館の歴史をすこし調べてみましょうか。でも抽象的な歴史の話もたいくつだから、重点的に重要な図書館を見ることにしましょう。まず図書館の歴史の話というと必ず出て来るのは、古代アレクサンドリア図書館です。ものの本によると、紀元前三世紀初から二世紀半ばまでは活動していたようです。当時のアレクサンドリアの中心に存在した博物館の中にあったもののようですね。

私――ということは今その痕跡はあるのですか。

図詳――ありません。具体的な位置も分かってはいないのです。しかしその研究は欧米ではかなり進んでいて、この図書館についての研究書はいくつも出ています。例えば、ルチャーノ・カンフォラ著・竹山博英訳『アレクサンドリア図書館の謎』（工作舎、一九九九）でおもしろいところを引用させて貰いましょう。

デメトリオスは図書館の全権を委任された館長であった。王はときどき、兵士の小隊を閲兵するようにして、巻物の閲覧に現われた。「今何巻あるのかな？」と王は尋ねた。デメトリオスはそのたびに新しい数字を言った。ふたりは目標を定め、計算をした。アレクサンドリアに「地上のすべての民の本を」集めるには、全部で五〇万巻の本が必要だとの設定がなされた。プトレマイオス王は、「地上のありとあらゆる君主や統治者に」宛てた手紙を書き、どんな種類の著者の作品でも「ためらいなく送ってくれるように」頼んだ。それは「詩人、散文家、雄弁家、ソフィスト、医師、占い師、歴史家、そしてその他ありとあらゆる著作家」のものでよかった。そしてアレクサンドリアに停泊中の船に本があれば、それをすべて複写させ、原本を保管し、複写を持ち主に返させた。この文庫は「船の文庫」と呼ばれた。（三〇〜三一ページ）

というものです。歴代の館長の名は皆分かっているのです。デメトリオスはその何代目かの館長なのですが、とにかく一生懸命に図書の収集に当たった雰囲気がよく分かります。まあ、この記述は「見て来たようなウソを言い」という感じではありますがね。

私――しかし、当時のことだから本の複写というのは、皆手書きで書き移すのですね。それで、原本を図書館側で取ってしまい、写した方を返すというのは何とも……。

図詳――ハハハ、ずいぶん強引なものですね。しかしいずれにしても本の収集にかける情熱みたいなものが伝わってきますね。ともあれ、アレクサンドリア図書館は古代世界では最大のものであり、質量ともにすばらしいものであったことは間違いないところです。ところが謎が多い。場所はエジプト、ナイル河口の都市アレクサンドリアのどこかにあった。存在した時期も正確には分からない。何時、どういうことで消滅したのかも明確でない、といった具合です。

私――おもしろいことですね。

②フランクリンの図書館会社

図詳――ことのついでに歴史的に大事な図書館ではベンジャミン・フランクリンのお話をしなければなりません。

私——あの「自叙伝」を書いたフランクリンですね。

図詳——そうです。ベンジャミン・フランクリンの図書館会社のことについては、もう時代もずっと下った話ですから、詳細が分かっています。ベンジャミン・フランクリン（一七〇六〜一七九〇）の作った図書館会社の話辺りからは、当然近代的な雰囲気が漂ってきます。フランクリンの『自伝』に書かれているのは、一七三一年、図書館会社を作ったというのです。最初の図書館を考えた時の話を、フランクリンの言葉そのもので読んでみましょうか。

（私のクラブの会合で）わたしは、つぎのような一つの提案をした。すなわち、種々の問題に関するわれわれの論文の中には各自の蔵書からの引用がしばしば出てくる実状であるから、このさい、集会所に各自が全部の本を持ち寄って、必要に応じて参照することができるようにしたら、ずいぶん便利だろう。そして、このようにして、各自の蔵書を集めて一つの共同図書館を作っておけば、われわれが書物を一ヵ所に纏めておく意志をもちつづけるかぎりは、お互いに他の全会員の蔵書を利用しうるはずである。これは、各人が全部の書物を持っていることに匹敵するくらい有益な結果を産むのではないだろうか。と、まあこういった提案である。（中略）これらの本は大いに役立ったのではあるけれども、それについての適当な管理が行き届かなかったために、何かと不便が生じ、せっかくの文庫も、約一年後には解散することとなり、各人がめいめいの本を持ち帰った。(斎藤正二訳『フランクリン自伝』講談社文庫　一九七三、一三三ページ)

私――聞いたことがあります。そのフランクリンの図書館というのは、いろいろな国の憲法の類のものも多く集められていて、後にアメリカの独立宣言の起草にも役立ったというのではありませんか。なるほどこうしてアメリカの誇る議会図書館ができていったのですね。

8　日本の図書館

図詳――日本の図書館もまず外国の情報から成立ったものといえます。福沢諭吉の『西洋事情』にある話が日本ではもっとも早く入った外国図書館情報といえるのではないでしょうか。

西洋諸国の都府には文庫あり。ビブリオテーキと云ふ。日用の書籍図画等より古書珍書に至るまで、万国の書皆備《みなそなわ》り、衆人来りて随意に之を読むべし。但し毎日庫内にて読むのみにて家に持帰ることを許さず。竜動《ロンドン》の文庫には書籍八十万巻あり。彼得堡《ペートルスビュルグ》（ロシアの首府）の文庫には書籍九十万巻、巴理斯《パリス》の文庫には百五十万巻あり。仏人云ふ、巴理斯文庫の書を一列に並《ならぶ》るときは長さ七里なるべしと。○文庫は政府に属するものあり、国中一般に属するものあり。外国の書は之を買ひ、自国の書は国中にて新《あらた》に出版する者より其書一部を文庫へ納めしむ。（福沢諭吉選集第一巻　岩波書店　一九八〇、一二〇ページ）

私――なるほど、これは日本人にとって驚きだったでしょうね。

図詳――日本での初期図書館といえば、徳川幕府を創設した徳川家康の文庫「紅葉山文庫」ということになります。

私――ああ、わが国でも図書館はあったのですね。ホッとしました。

図詳――近代的な形のものといえば、先の福沢諭吉の調査などが基礎になったものでしょうか。だんだん日本にも次第に図書館というものが普及してきたわけです。

私――まず「書籍館《しょじゃくかん》」というものではなかったですか。

図詳――そうです。国立のものです。明治五年（一八七二）文部省で設立認可しています。明治八年には東京書籍館となりますが、それから二年しか寿命はありませんでした。明治一〇年これが東京府に移管され、明治一三年再び所管は文部省に移り「東京図書館」と言って明治三〇年まで存続します。これが後の国立図書館の基礎となるものです。

ついでに言えば、東京麹町には大橋佐平が私費を投じて「大橋図書館」を作りますが、これが後の市立日比谷図書館となります。

私――図書館といっても国立、都道府県立、市町村立というランクが次第にできてきますね。学校図書館も大学図書館、短期大学図書館、その他の学校図書館となりますか。

図詳――戦後の昭和二三年二月に、国立国会図書館法が可決されました。いよいよわが国の今の制度につながってくる時代となります。

私――大急ぎで走った図書館の歴史ということになりましたね。

図詳――後は詳しい参考書をいろいろ読んで下さい。

9　現代の図書館

私達は日本でいろいろな図書館を見ているのだが、まだまだ物足りないと思う。一方でおとなしく行きつけの図書館で結構満足している人もたくさんいるだろう。それは図書館というものへの期待度が違うのである。ひとたび、すごい図書館を目の当たりにすれば、腰を抜かし、仰天し、ああ、図書館といってもこういうところまで期待してもいいのかというように態度が変わってくる。その期待レベルの天井の方を教えてくれるのが、先進国の図書館である。まずアメリカのサンフランシスコ、ニューヨークのものを見よう。

①ニューヨーク公共図書館

私――そもそも図書館のことを考えてみるということは、もっと実際的にいうと、まず昔の図書館というものはどんなものであったか、ということを見る必要があります。どのような変遷を経て、今日われわれの見るものになったかということです。その中で図書館の本質を知るヒントがあるだろうと思うのです。それから、もう一つは今の世界の図書館がどうあるか、ということを知ることが参考になりますね。私たちはふだん、日本の中の図書館しか使っていませんが、海外に出かけた時や何かの折、外国の図書館を見ることがあります。しかし、それらは百聞は一見に如かず、ということわざ的な意味で驚きを得たり、参考になったりしますが、案外、書物できちんと網羅的に書かれたもので学べば、もっと参考になるはずですよね。

図詳――その通りですね。ほんの二、三日間ぐらい現地に行ってみての知識なんかは断片的でものになりません。例えば一館の話を一冊の本にでも詳述してあれば、実に網羅的に読み知ることができますよ。そんなわけで、きょうは主としてニューヨークの図書館についての本をまず読んでお話してみましょうか。

私――それは有難いです。

図詳――まず、菅谷明子著『未来をつくる図書館――ニューヨークからの報告』（岩波新書、二〇〇三）を読むと、ここにはアメリカ、ニューヨーク市公共図書館の全貌を知ることができます。早速この本からの受け売りですが、「ニューヨーク市公共図書館」という言葉は、実は四つの研究図書館と八十五の地域分館との総称なんだそうです。その名前で人口八〇〇万のニューヨーク市のうちのマンハッタン、ブロンクス、スタテン島の各地区三三〇万の人口に関わっています。研究図書館の四つとは、黒人文化研究図書館、舞台芸術図書館、科学産業ビジネス図書館、人文社会科学図書館（本館）です。地域図書館にも三館の専門館があります。ミッド・マンハッタン図書館、ドネル図書館、点字・録音本図書館です。そして全体の本館に当たる人文社会科学図書館が、なんと、マンハッタンの中心部、日本で言えば銀座のど真ん中みたいな所に位置するというのがすごいじゃないですか。

私――そういえばワシントンＤＣに林立するスミソニアン博物館群というのもそうですね。私も前にちょっと行ったことがありますが、スミソニアン博物館というから一個のものかと思ったら、十いくつかの建物の総称でしたね。それが東京で言えば霞ガ関のような場所に、宇宙航空博物館だとか自然史博物館など一つだけとってもわが国の同類のものと比較すればはるかに巨大な代物が、堂々列を為して存在するのに驚いたことがあります。それを思えば丸反対なのですが、日本で最近時出来上がった県立・市立などの大型図書館というのは、名前が「中央」といっても電車の終点辺りとか、自動車を使わなければ行けないような辺鄙な場所に位置するのが多いですね。土地の値段という事情なのでしょうが、利用者にとってはほんとに不便です。

図詳——まったくですね。日本ではかなり最近になってから本格的な図書館計画が始められたからでしょう。欧米の図書館や博物館が都心にデンと構えているのは、やはり早くから存在していたからです。いくら欧米だって、今からつくるというのではそんな便利な立地が得られるわけはないでしょう。ニューヨーク公共図書館も設立は十九世紀です。当時は今のような近代都市ではありませんでしたが、市のリーダーたちは、これからの文化都市には図書館が第一に必要なものだという認識があって整備を進めたのです。鉄鋼王アンドリュー・カーネギーの大口寄附もあり、その成果があがったのですね。

先の本を引用させて貰いましょう。

……科学産業ビジネス図書館の開館式典で、当時のルドルフ・ジュリアーニ市長はこう挨拶している。「科学、産業、ビジネスの分野でニューヨークは世界の中心的役割を果たしています。図書館建設には莫大な資金がかかっていますが、我々が得られるものに比べれば些細なものです」。このように、個人が力をつけることが、やがては社会全体を潤すことにつながると、明確に意識されているのだ。無名の市民の潜在能力に賭け、それに対して惜しみない援助を与える前向きな姿勢と懐の深さは、アメリカの繁栄を支える大きな柱である。その見返りは「投資」に対して余りあることは、ニューヨーク公共図書館の歴史が証明している。（二二ページ）

というわけです。

私――鉄鋼王カーネギーがたいへんな基金拠出をしたというのは有名ですが、因みにこの図書館にはどれほど寄附をしたのですか。

図詳――ニューヨーク市全体では六十五、ニューヨーク公共図書館の地域分館としては三十五の「カーネギー図書館」ができたそうです。他にカーネギー・ホールなど有名なものもありますが、六十五歳で引退後は資産の九割に当たる三億五〇〇〇万ドルを社会に拠出したといいま

す。（一五八ページ）

私――実に莫大なものですね。アメリカでは、カーネギーさんにかぎらず、募金で社会事業的に事を進める習慣が根付いているのですね。

図詳――その通りです。ニューヨーク公共図書館の場合は設立当初から篤志家の寄附などを通じて図書館の運営にも関わってきたのです。詳しい話はこういう本にいろいろ述べられているわけですが、「図書館友の会」というシステムで図書館を支援する形が非常に多く行われておることはご存知でしょう。ここのボランティアさんは七〇〇人からいて、受付・館内ツアーのガイド、講座の講師などをしているということです。

私――それらは本当に日本でも学ばなければならないことですね。

図詳――この本に書いてあることで、もう一つ是非紹介しておきたいことがあります。それはこの図書館のマーケティング組織は、その目標として「図書館のブランド・イメージを確立し、それを一定したものに保つこと」としていることですね。利用者の幅も層も広い。寄附する人も一人三〇ドルから三〇〇〇万ドル規模まである。篤志家や企業がこれほどの寄附に値する場だというイメージを創出しなければならない、というのです。ご承知のようにアメリカではいろいろな文化施設で募金が求められています。それらに打ち克って募金を得なければならないのですからたいへんですよね。そういうわけで、ポスターからパンフレット、広告、便箋、スタッフの名刺に至るまで、統一的なロゴやデザインを工夫しています。

私――そういえばわが国でも、もっと軽い意味、利用者に親しまれるようにということでしょうが、図書館でイメージ・キャラクターを採用する所も出てきましたね。それだけでも以前から比べれば大進歩ですね。

②サンフランシスコ公共図書館

私――ニューヨークに次いでサンフランシスコの公共図書館も有名なものと聞いていますが。

図詳――この図書館については、悦子・ウィルソンという人が『サンフランシスコ公共図書館――限りない挑戦』（日本図書館協会　一九九五）という本を書いています。この図書館に勤めている著者が「日本人のために」ということで書いてくれたものです。

私――それは面白そうですね。まず館の基本的な運営についてはどうなっていますか。

図詳――組織図によりますと、市長から線が下がって図書館理事会、その下に図書館長がいます。つまり理事会が運営を司っているという形です。理事会と図書館長の横に、線が出て図書館友の会が位置します。つまり、友の会が理事会にも館長にも強く関わっているのです。理事会について、こういうことが書いてありますね。

法的には、図書館職員は市民を代表している図書館理事会の補助者でもあり、それに雇われているともいえるでしょう。しかし、専門職のライブラリアンにしてみれば、理事会は図書館員の仕事を正当に判断する力はないと思っています。したがって、このような人々に図書館がコントロールされることは、名目だけであると思っているのです。図書館の管理者にしてみれば、図書館への深い知識とともに、組織構成とサービスについての知識を併せもつ自分たちこそが、図書館の政策管理者だと自負しています。（悦子・ウィルソン『サンフランシスコ公共図書館』日本図書館協会　一九九五、二四ページ）（この本については前著『図書館に行ってくるよ』（日外アソシエーツ　二〇〇三）で紹介している）

私——何か公立といいながら、市民に勢いを強く感じますね。

図詳——そうなのです。詳しくはこの本を読んで貰うことが一番いいのですが、この本の最後の章で、新本館の建設中であることが述べられています。今の二倍のスペースになるそうです。三七万平方フィートといいますからすごいものですね。「サンフランシスコ市民は一九八八年に、現在の本館に隣接するマーシャル・スクエアに新本館を建てることを投票で承認したのです」といい、建設費は一億九百万ドル、実は一九九六年完成予定ですから、今はもう完成しているのです。「あとがき」によれば「また、新本館は〝healthy building〟、健康管理のゆきとどいた図書館の手本と、まわりの図書館の注目を浴びています。開け締めのできない窓や、敷きつめられている絨毯などから発散される有害な物質を懸念して、サンフランシスコ公共図書館では健康管理委員会をつくりました。云々」というのですね。図書館としては画期的な考え方ですね。

③アメリカ議会図書館

私——アメリカついでに、首都ワシントンにある議会図書館もたいへんなもののようですね。

図詳——その通りです。ここについては、藤野幸雄著『アメリカ議会図書館』(中公新書　一九九八)にそのものズバリで書かれています。ここで有名な話は、かのベンジャミン・フランクリン(一七〇六〜九〇)が設立した「フィラデルフィア図書館会社」(一七三一年から活動開始)が、議会開設のために集まった人々に最初から協力していたということでしょう。つまりアメリカの連邦議会は最初から議会図書館を擁していたという形だったのです。これが後の本格的な議会図書館につながったといえるのでしょうね。

私――ここの図書分類も特色あるものと聞いたことがあります。

図詳――そうです。わが国の国立国会図書館がこれを参考にして作られたということもありますから、図書分類のことも見ておく必要がありますね。この図書館も一度デューイの十進法を取り入れようとしたといいますが、これだけ膨大な蔵書があると、巧く分類をすることができません。数字の羅列が長すぎることになるのです。そこで、カッターという人の考案した展開分類法を用いてこの館独自の分類法を設けました。「議会分類法」といいます。アルファベットと数字を組み合わせて、基本区分を大幅に増やしたというのが特色です。

私――古いお話から現代の図書館のことまで、いろいろと教えて頂いて、まことに有難うございました。またよろしくお願いします。

④セント・デイニオル図書館

私は図書館に対する一つの夢があった。それは、図書館に寝泊りをしてでもじっくり読書ができればいいな、と思っていたのだ。ところが本当にそれが可能なところがあるのである。出口保夫『続イギリス四季暦』（東京書籍、一九九〇）という本を偶然読んでいて知ったことである。

世界でもちょっと例を見ないような宿泊施設つきの専門図書館が、ウェールズの田舎にある。(中略)

この図書館はセント・デイニオル図書館というが、日本人にはまだほとんど知られていない。(中略)図書館のあるハワーデンはウェールズの北端にあって、古都チェスターから車で二十分くらいのところにある。(中略)神学と歴史と文学を中心とした、きわめてユニークな宿泊施設をもつ専門図書館である。(中略)石づくりの建物の左側は図書館、右側に宿舎と教会がある。宿舎は三十室ほどあって、わたしが訪れた日はほとんど満室だった。二階にある部屋は個室で、家族連れにはダブル・ベッドの大きな部屋も用意されている。(中略)

ここの図書館の蔵書は、ほとんどすべて開架式である。どこの図書館でも、何らかの手続きなしに、勝手に書物を持ち出すことはできないが、セント・デイニオル図書館にはいっさい制限というものがない。とにかくすべて自由なのである。書棚のあるところには、どこにも読書机と椅子が用意されている。何日も宿泊して、読書と研究をつづける人にとって、その机はうず高い本の山になってしまうが、本人が宿泊しているかぎり、何日でもその本の山はそのままにしておける。それどころか、この図書館の書物は、どこで読んでもよいのであって、自分の個室に持ち込んで、そこで仕事をすることも可能なのである。（前掲書一一二〜一一六ページ）

こうして私が望む図書館が実際に存在していることを知ったのである。日本にでもどこかでやってくれないものだろうか。これは私立図書館で、ホテル経営がらみということになる。

10　公立図書館

（1）わが町の図書館

私――いつも図書館のことを指南して頂いて有難うございます。私は、定年後の日々ただひたすらに、ひねもす図書館に世話になっている暇人ですが、時々図書館のことについて聞きたいと思うことがあります。そんな時、あなたに伺えばすぐ分かるから、とても有難く思っていますよ。

図詳――いやいや、私とてたいした専門家ではありません。昔ちょっと図書館に勤めていたことがあるだけで、このごろは前の勤めとも全然関係ないのです。要するに私とて耳学問・本学問の知識です。それにつけてもあなたは図書館利用のベテランのようですね。ずいぶんいろいろな図書館にお出かけになって深く利用なさっているとか。今や、それが本当に値打ちのある図書館ユーザーです。

私――考えてみれば、私も学生時代から会社員時代、定年後といろいろな状況で図書館を使わせて貰ってきました。この頃は社会的基盤としての図書館ということに強く意識が働きますね。私の住んでいる所は、人口十五万ほどの住宅都市で、家から三キロほどの位置に市立中央図書館があります。そこへ行くにはちょっと車か自転車かのアシが欲しいのですが、雨の降る日などは近くの分館に出かけます。そこは自宅から五百メートルほどなのです。小さい分館ですから、内容的には少々物足りないけど、当座の役にはたつというシチュエーションです。私は長い間この二館を中心に図書館というものを使っていますが、いい点・物足りない点いろいろと感ずるところがあります。全体評価すれば、まあまあ、いいのではないかと思っていますが。

図詳――それは結構ですね。図書館のそばに住んでいる人はずいぶん幸せと言っていいでしょう。とくに頻繁に本を読む方にとりましてはね。でも実は図書館の充実度はかなり地域によって差があり、住民も損得があると言えそうです。そういうことをできるだけ均そうという意味で、法律的な規制もありますが、なにしろ行政全体から関わってくる問題ですし、図書館という施設と、その中に仕事をする人、サービスの問題ですから、地域差を今すぐ埋めるのは難しいでしょうね。

私――今の私は自分のところの図書館環境は、だいたい納得しているのです。統計的な手法で何か図書館の満足度をはかるということがやられているようですね。

図詳――そうです。図書館サービスはそこそこ公平に行なわれるべきで、貸出の登録率とか貸出密度、蔵書回転率、蔵書新鮮度、などという言い方もあります。図書館側にとってどれだけ利用者に貢献できているか、を比較する方法も求められますが、利用者側からもちゃんとした新しい本が利用できる状態なのか、ということが比較できます。図書館法十八条による「望ましい基準」は人口一人当たりの年間貸出数は四冊となっていますが、実績では三冊強と、まだ達していません。

私――たったの三冊、四冊ですか。私は年間何十冊借りているか分からない。

図詳――ハハハ、あなたのようなヘビーユーザーはそんなにたくさんはいないのです。平均値を出せば趨勢というものは分かるのです。よくアンケートなんかやって、「あなたはこの図書館の利用について満足していますか」なんていっていますが、現にそこへ通って来ているのだから、たいていは満足、あるいは納得しているという答を書くでしょう。ところがその人がもし他の市町村に転出して、そこでまたそこの図書館を使い出すとすれば、前の所とはいかに違うかよく分かるだろうと思うのです。結局満足度というのは、主観的なもので、他との比較にはなじまないでしょうね。

私――そうか、今使っている図書館が満足だとか、そうでないとか言っても、客観的なデータでものを言っているわけではありませんからね。まあいつ行っても気分よく図書館を利用できればいいわけです。同じ図書館が毎年同じ項目でデータを取り続けていって、貸出数など、そういう数字がよくなっていっているとすれば、これはハッキリよい傾向だと言えるでしょう。それからもっと言えば、負の問題点がある図書館もありますね。東京の区立図書館あたりでは、毎朝ホームレスの人たちがぞろぞろ入って来て、読書するわけでもなくぞろっとたむろして、不快な気持になるということも聞いていますが。

図詳――ああ、それについては関係者は皆困惑しています。なかなかいい解決の決め手がないのですね。アメリカでも有名になった難儀な事件があるのです。ニュージャージー州モーリスタウンにある公共図書館でも、ぞろぞろ入って来る常連のホームレスの人々がいるそうです。これを排除する規則をつくり、閲覧室で大きないびきをかいて眠ったり、起きたら女性につきまとう男を強制退去させたら、これにはらをたてたクライマーという男が図書館と自治体、警察官を訴えたのです。結局これらホームレスの逸脱した図書館利用を制限する図書館利用規則が合憲かどうかという裁判になり、第一審はクライマーが勝訴、二審は図書館規則の合憲性は確保されたものの結果的には和解ということになって、この男は二十三万ドルを手にしたというのです。（藤野幸雄・荒岡興太郎・山本順一著『図書館情報学入門』有斐閣　一九九七、一六二ページ参照）

私――それはひどい。図書館にも難しいことがあるものですねえ。このごろのアメリカは訴訟社会として弊害が目立って仕様がないといいますが、その典型ですなあ。

図詳――それは余談みたいなことですが、とにかくより多くの市民が、図書館をよりよい状態で利用できるような形を求めなければなりませんね。

　そんなわけで、自分がふだんよく行く地元の図書館の幹部館員さんに話を聞かせて頂いた。そして、この後、他の図書館にも出かけてみていろいろ比較してみようと考えた。

私――最初にお聞きしたいのですが、図書館の理念みたいなものがあったら教えて下さい。具体的にいうと、他の図書館とはここが違っているのだということがあれば、それはどういうことでしょうか。

N市立図書館の幹部の人——ここは公立図書館ですから、いきなり他と違うという特色は立てられません。そういう意味では普通の図書館です。図書館法でも、そういう場合は同じでなければならないのです。でもこういうことは他にない、うちが特色として言えることだろうということが一つあります。それは、物流がらみで館員の動きにも一工夫しているのです。たいていの図書館では本館・分館とあれば館員は毎朝それぞれの所に出勤して、終日そこに勤務しますね。ここでは毎朝、皆中央図書館に出るのです。そしてその日の状況——例えば何曜日はどこの分館で入館者が多い、今日は欠勤者がいる、などの事情——に応じて、各分館などに改めて出勤し、その時、要望のあった本、別館・分館などに必要な本などを携えて行きます。移動図書館などの運用も絡めてのことです。つまり、館員の動きと本の移動が全市立図書館に一貫して稼動しているのです。

私——なるほど、それは知りませんでした。同じ蔵書数、同じ館員数のものがもっとも機能的に稼動しているわけですね。

N図——あと特色といえば、市民層つまり利用者の状況によって、どういう本が多く貸し出されているかということは調べがついています。この市は東京その他各地方から新しく流入して来た住民が多く、高齢化状況が他の市町村よりはやや少ない、などの人口動態的な差があり、それが図書館の利用動向に他との違いがあると言えるかもしれません。図書分類（ＮＤＣ）でいえば、５（技術・工業）や９（文学）などの部分の利用が非常に多いのです。

私――ああ、住民状況がほとんどそのまま図書館の利用状況に反映される、それは大いにありそうなことですね。郷土資料や児童図書関係はどうでしょう。この町は歴史的に見るべきところが多いといえると思いますが。

Ｎ図――郷土資料は公立図書館として、きちんと備えるべしという規定があります。ここだけが特に意識して集めるということはありません。児童図書についても同じです。

私――ある分館だけをふだん多く使っている利用者が言ってたのですが、ここには、ちっとも新刊本が見当たらないというのです。中央図書館と他の分館などの配本はどういう要領になっているのでしょうか。

Ｎ図――全館を統一して本を購入しますから、それもたいていは一冊ですからね、新刊本の多くはまず中央に入ります。そしてやがて利用の仕方とかリクエストによって他の分館へ本が移動していくのです。ですから、その方も読みたい本はリクエストされて下されば、配本動向とは別に早く入手なされると思います。後は先ほど言いましたようにその分館の地域性を意識して、例えば若い世代の多い団地群を抱えている地域の分館はそれらしい要求が出るはずです。

私――さて、皆が聞きたがっていることなんですが、この図書館では、本の購入をどういうやり方でお決めになっているのでしょうか。

N図――多くの図書館で行われていることだと思いますが、毎週業者の方から「見つくろい」ということでドンとその週に出た本を持って来て貰います。それを棚においておき、係の館員が自分で手に取って調べ、購入するものを選びます。これが一番主なやり方で、後はその他の図書推薦などを参考にしているのです。

私――すると、基本的にはいつも、その時々に出るという最新刊書ばかり追うということになりますか。本には数カ月、数年前に出たものでもその後必要な本と意識されることもあるように思いますが。

N図――基本的には、最も新しい本を買うことになります。

私――ではいわゆる古書店から買うということはありませんね。

N図――そういうものは多分、上位の図書館から借りるということになるでしょうね。

私――有難うございました。

こういう次第だから、ここが格別の特色を打ち出しているということは聞かれなかったが、文字通り、標準的な図書館として健全に機能しているという印象であった。それは日常ここを利用していて分かることである。この後は機会あれば他館を見せて頂き、参考にさせて貰おうと考えた。ただし図書館員が他の図書館を見学するなら、今後その運営について自館の参考とされるだろうが、私は図書館側の人間ではないのだから、参考にするといっても限界がある。利用者がいろいろとふだん使っている館と違うものを見るのはどういう意味があるのだろうか。

そこで得た知見は、図書館友の会あるいは図書館ボランティアグループなどの活動の中で、自らの図書館への提案、要望、希望を出し、また外部からできる支援をなすということになるだろう。そしてもう一つは自分なりに、図書館の利用の仕方で参考にすることを考えるのだ。①その図書館の特性を見出し、少し遠くともある分野の図書、ある立場の本は、ここにやって来て使わせて貰おう、ということのガンつけである。貸出は他市市民にはムリだろうが、自館からの予約で出せば借り出して貰えるだろう、そこに期待するのだ。②それと他館にはふだん使い慣れている館と違った雰囲気がある。自分にはちょっとなじみ難い状況を感じてしまう。だが、そのほのかな緊張感をもって、多数の書架をブラブラ見て回ることが自分の学習意欲に大いに刺激になるのだ。

かくて私は、以下のごとく暇を盗んで若干の他図書館を見て歩いたのである。

（2）他の市立図書館

①浦安市立図書館

二〇〇四年五月、私は前著（『図書館に行ってくるよ』）を出していた関係から、これに目を留めて下さった浦安市立図書館のご推奨で、同館に集う「浦安市図書館友の会」の総会に付随しての講演会講師に招いて頂いた。これには私の方が恐縮してしまった。浦安市立図書館といえば、あらゆる意味で最先進図書館である。しばしば「日本一」と賞賛されることがある。私の方がかねてから敬意を抱いていて、近々見学に行かねばと思っていたところであった。後述もするが、ここではまず歴代図書館長の先覚性が取上げられなければならないだろう。

私は創立時の館長竹内紀吉《のりよし》氏の著書三冊を拝見している。①『図書館の街　浦安――新任館長奮戦記』（未来社　一九八五）、②『浦安の図書館と共に』（未来社　一九八九）、③『図書館のある暮らし』（未来社　一九九〇）である。竹内氏は一九八一年（千葉県立図書館から出向して）の初代館長就任から長く館長を続けられた。基礎はこの時につくられたのだろう。これらの三著には創設当初からのご苦労された話がつぶさに描かれている。この後、二〇〇四年三月まで館長であられた常世田《とこよだ》良氏にもすぐれた著書『浦安図書館にできること』（勁草書房　二〇〇三）がある。

常世田氏は、浦安市立図書館がうまくいっているのは「図書館経営、運営について、従来図書館学、あるいは図書館界で言われてきた基本的なことに忠実にしたがって仕事をしてきたこと」によるもの、と書いておられる。その次（二〇〇四年四月から）に着任された森田館長も「あたりまえのことをしているだけです」と微笑まれる。このことは多くの人々に語られているはずだ。伺えば日本全国、否海外からもこの浦安市立図書館を視察・見学に来る人々が引きも切らない、と。年間百数十件訪れるこの人たちはここの図書館の周辺概況と現状の説明を聞き、状況を知ると、まず「浦安の場合は特別ですよねえ」とつい声をあげるという。この市は四分の三が埋立地、つまり計画があって土地ができたのだから都市構造上無駄がない。極端にいえば真四角な町に図書館を配置するならどこからも近い所に設置することも容易である。行政効率もとてもよさそうだ。そしてそこにそびえる高層大団地群、これは東京その他都会地から流入した高所得層の市民たちを抱えている気配を感じる、住民税などはたっぷり納まりそうだ。さらにおなじみディズニーランドを擁して、市は財政的にも恵まれているのだろうな、と他からちょっと覗き見る人はそう思い勝ちである。しかし、ここまでの説明で「浦安は特別」と言われては困る、と浦安図書館側の人たちは当惑気味である。この街だって、二十年あまり前に市となったばかり。図書館も今の姿はなかった。本当にみすぼらしいものからスタートし、市長、市議会、図書館長たちの苦労と努力があって、今に至ったのだ。私は今度はそのことで「浦安は特別ですよねえ」と声を出しそうになった。

自治体の中における図書館の位置づけを見る場合、総予算の何パーセントが図書館費に費やされているかを調べてみることです。

市のレベルで人件費を含めて総予算の一パーセントを図書館に注げば理想的な運営が出来ると言われています。人件費込みで僅か一パーセントなのです。この線にたどり着こうというのが、図書館界の長い悲願です。しかし現実にはこのラインに届いている自治体はほとんどなく、市町村の全国平均が〇・三四パーセント（昭和六一年度調べ『地方財政白書』『日本の図書館』による）というのが実情です。（竹内紀吉『浦安の図書館と共に』未来社一九八九、一一九ページ）

そして浦安の場合はこれが「経常的に一・七パーセントの予算が費やされて」いるという。昭和五五年度図書費が三五〇万円だったものが六三年度は一億〇九九九万円に至っている。他から来てここを見て人は、ディズニーランドのおかげか、「どうしてこんなにお金持ちなのか」と驚くが、

そういうことよりもっと根本的な問題が実はある。よい図書館が切実に必要だということを市民は言ったのか。その声を行政に効果的に届けたのかということが第一、そして市民のニーズを本気になって聞こうとする姿勢が行政にあるのかどうかということです。（前書一二一ページ）

ということになる。「浦安は特別」と他所の人たちがいうのは、その人たちの「逃げ」にすぎない。見学に続々と来た人たちはその後どうしているのだろうか。これだけの見学者が来続けているというのに、その後飛躍的に、革新的に向上したという図書館はまだ数少ないように思う。私たちは、浦安の状況の本質を見定めなければならないのではないか。

また私がここの「図書館概要（平成十五年度）」を頂いて読み、感心したことがある。それは

「蔵書構成グループ」の存在についてである。平成五年から、「浦安市立図書館全館の各分野の蔵書について、収集・移管（書庫への編入など資料の管理先の変更）・除籍までの流れを一貫して責任をもつと同時に、書架の管理にも責任をもつ組織」を編成したという。グループは、0・1・8類（総記、哲学・宗教、語学）、2類（歴史・地理）、3・6類（社会科学、産業）、3・7・4 9・5 9類（教育、医学、家事）、4・5・0 0 7類（自然科学、工学、コンピュータ）、7類（芸術）、9類（文学）、児童の八つである。私は本書の他のところで、図書館司書の専門性について懸念のようなことを述べた。しかし、このように各司書の人たちを初めから部門を分担して配置し、それぞれに責任を持たせて一貫した業務を委ねておけば、仮に当初専門知識が少なくとも、やがて十分な知識が得られて、適切な業務進行が期待できるだろう。

かくて「同規模自治体における公共図書館指標」でも、浦安市立図書館はすばらしい数字が見られているのである（順位は同規模自治体における浦安市のもの）。

①人口一人当たりの貸出冊数　一位　一二・三九冊（平均は四・九三冊）
②貸出冊数　一位　一、七一一千冊（平均は五九八千冊）
③資料費　一位　一一〇、六三六千円（平均は三四、四九二千円）
④蔵書冊数　一位　九七〇千冊（平均は三一九千冊）

⑤リクエスト件数　　三位　八四、五九一件（平均は二四、一五八件）

浦安の実績はこうしたものである。とにかく私たちはこれに近づかなければならない。

②日野市立中央図書館

中央線豊田駅の南口に出る。ここに目指す図書館があるはずだが、さて下りた所は淋しい小駅の駅前で、何の表示もない。途方に暮れかけたが、エイ、右くさいから行ってみようと顔の向きを変えたところに大きな図書館専用の表示板が立っていた。ひなびた道を不安な気持で探しながら数分歩くと、突如それは左手に現われた。「中央」図書館の割には街の端っこというたたずまいである。古い感じで目立たない姿だが、中に入ってみると、明るい、さっぱりした感覚がみえた。まず図書館案内風のものが置いてないかと探したが見当たらず、館員に頼むと、どこかから取り出してきてくれた。「くらしのなかに図書館を」という八ページ仕立ての地味なパンフレットだ。これが「日野市立図書館利用案内」だった。中央館の他六館の位置を示す地図などが書かれた簡単なものである。

館内全体はキチンとした感じで書架も見やすく、使い勝手はよさそうである。雑誌の閲覧部分では、バックナンバーが書店の書棚のように全数背を出して並べられてあり、見やすかった。

ところで閲覧室に当たるものが見当たらず、利用者はパラパラとあちこちにおかれた椅子を使っている。二階に閲覧室部分があるのだろうかと上がってみると、なんと、映画館のような薄暗さに驚いてしまった。しかし腰をすえて調べものをしようと考える人には、一席ごとにスタンドがおかれた上等な座席が用意されているのだった。

ごく短時間の利用で印象批評するのでは不適切なのだろうが、全体としてはこのような感じだった。でも本はふんだんにあり、整理は行き届いており、利用者は粛々と読書に励んでいたから、地元の人々にとってはいい図書館であるに違いない。そこにある図書館は、使っておれば必ず使いやすく、親しみも持てるようになってくるはずである。

③武蔵野市立図書館

武蔵野市には中央・西部・吉祥寺の三つの図書館がある。タテ細、三つ折の小柄な「全館ガイド」は八ページながら要領よく図書館の全サービスを表現している。秀逸なのは、その子ども版「みんなのとしょかん」である。一枚の紙をタテ・ヨコ一度ずつ折った八ページ仕立てのリーフレットだが、かわいいゴジラのイラスト入りの表紙以下、分かりやすく、おもしろい利用案内である。ついでに館内で配布されている他のパンフレットを見ると、「新着図書あんない」がある。四十ページほどのしっかりした冊子である。月刊だが、月々の新着図書について図書分類にしたがって表示し、表紙には「今月のおすすめ」として五冊の紹介をキレイに入れている。

この中央館にはこんな特色がある。「市民文庫」というコーナーがあり、ざっと千冊ほどが揃っている。市内在住著者から寄贈された書物を集めたものだ。どこの図書館にも地域の著作者の寄贈書があつめられているものだが、ここはその数が圧倒的に多い。さすが文化都市である。そういえば、ここに来る電車の中で、三鷹駅で降りた私の隣席のおばさんが手にしていたのは「乾杯の歌」のイタリア語の歌詞をプリントしたものであった。彼女はひそかにこれを口ずさんでいた。お仲間でパーティをやってのことか。この辺りはやはり文化水準が高いのである。そういえば市立図書館のレベルで外国語図書が相当おかれているのは、この館ぐらいではないだろうか。参考図書の棚でも外国語辞書が相当充実している。

そしてもう一つ目を引いたのが「談話室」がおかれていることだ。図書館は本を読むところというのは当然だが、お話もしたくなる。人と人を繋ぐところでもありたい、というのは私の主張でもある。といって、閲覧室で任意に話をして貰ってはまずい。話をし合って憩う部屋はどこの図書館でも望ましいのである。

（3） 都道府県立図書館

①東京都立日比谷図書館

東京都は他府県に比べれば、さすがに文化施設としての図書館が充実している。「東京都公共図書館オールガイド」（二〇〇三年四月一日現在）というパンフレットを見ると、「都立」というのが中央、日比谷、多摩の三館。国立図書館といわれるものは国立国会、国際子どもの二館、その他区立図書館が区ごとに数館から十数館ずつ、市・町・村・島などに一ないし数館ある。ここ日比谷図書館は、どういう位置づけになるのだろうか。

都立図書館というのは、都の公共図書館の中核という意味がある。都立図書館は中央、日比谷、多摩と三館あるが、相互に機能し、一体的な運営を心がけているという。日比谷図書館はその中で場所的にビジネス街にあり、多くの人々の出入りに好都合な所だから、文字どおり一般貸出しと視聴覚サービスを中心にしている。そんなごく普通に利用して貰うという意味と、また「図書館の図書館」として都内の公立図書館への協力事業も相当行なっている由である。場所からいっても、ここは都心のオアシスといえる日比谷公園の中で、とてもいい環境にあるといえる。建物も相当大きく、書架にはずいぶん本があって目を見張らせる。

全体の蔵書数を聞いてみよう。所蔵資料としては図書約一三万冊、雑誌約一一〇〇誌、新聞約一七〇紙、ＣＤ約四二〇〇枚、レコード約一万五〇〇〇枚、録音テープ約四五〇〇巻、一六ミリ映画フィルム約九六〇〇本。ついでに、都立中央図書館のことにも触れておくと、資料は図書約一六三万冊、雑誌約一万二三〇〇誌、新聞約一〇〇〇紙あるが、ここは来館者への貸し出しはしていない。都立多摩図書館は内容が違って、児童・青少年、文学、多摩行政資料を中心にしたサービスを行うということになっている。こちらも来館者への貸し出しはしていない（二〇〇三年一月末現在——「利用案内」による）。

利用案内的なことをまとめておくと、誰でも閲覧が可能。一階は視聴覚資料、閲覧室、二階が図書、三階が雑誌・新聞、閲覧室。閲覧室の席数は三三六席。

②神奈川県立川崎図書館

川崎図書館というと、私は会社在職時代、社史制作の仕事などを長くやっていたから、ここの図書館にもお世話になったことが度々ある。ずっと以前から社史や労働組合史などで有名な図書館と知っていたのである。

もともとここは「工業図書館」というイメージを目指していたはずのものと聞く。しかし一九九八年四月リニューアルして、科学技術と産業分野に力を入れることになった。結果的に、今よくいわれ始めた「ビジネス支援図書館」の態をなして来たのである。工業所有権関係の資料・情報、規格、科学技術関係雑誌・外国科学文献・灰色文献、会社史などがいわばこの図書館の「売り」といえるだろう。「灰色文献」という言葉がある。いわゆる通常の出版流通に乗らない公的な研究機関の研究成果報告などをこういうのである。

こういうものは一般には集め難いものだ。要するに、この図書館はビジネス支援に極めて有効であるといえる。現に、川崎図書館を利用している人のもっとも多くが「調べもの・調査研究」で四三％、ついで「個人的な学習」三二％、それに「個人的な調べもの・調査研究」「資格取得の勉強」「起業のための参考資料探し」と続くといい、「読書の楽しみのため」というのは九％と比較的少ないとのこと（大塚敏高「『ビジネス支援』の視点から見た神奈川県立川崎図書館の活動」『みんなの図書館』二〇〇二年六月号所載）。

公共図書館は、今後さらにこういう性格が求められていくのではないだろうか。

③ある県立中央図書館

ある県立中央図書館に行ってみた。受付にオジサンが目をむいて坐っている。ここでは国立国会図書館と同じ所作が必要だった。所持品は持って入れず、ノート類は透明の袋に入れなければならないが、これがB5判ほどの大きさ。小さすぎて少々困った。鍵のかかるボックスに入れる。（国会図書館以外に、このように所持品のボックス収納を求める所は少ないのではないか。）

さて館内に入ってみて、コンクリートの打ちっぱなしの内装に、大型倉庫の中に閉じ込められたような寒々とした印象を受ける。（これが図書館か）とまず感じた。

正面にカウンターがあり、近くにコンピュータ端末が数台並んでいるのだが、使おうとすると窓の光が投げ込まれて画面を強く照らし、まぶしくて仕様がなかった。

書架にはもちろん県立中央図書館の威容で多数の蔵書がおかれており、頼もしいが、さて本のラベルを見ると、これが四桁五桁用いられており、それは結構であるが、三桁にピリオドがないのが大半で、見にくいのには参った。しかも水性のサインペンででも書いたものか、ラベルの中で数字が滲んでかなり見にくい状態になっているのが何割かある。どういう神経なのだろうか。

閲覧席はあまりない。利用者は書架のそばにバラバラと配置された椅子で読書または調べ物をしているのであった。まあ館員は親切だったので、この図書館の印象は最終的には悪くはなかったが。

④茨城県立図書館

平成十六年六月、私たちの図書館ボランティアグループ三十人ほどで、茨城県立図書館にお邪魔し、一時間あまりの見学をさせて頂いた。態々これだけのためのペーパー（五ページ）を用意して下さり、仔細な説明と内部見学案内をして頂けたのは恐縮だった。蔵書冊数六七万冊、個人貸出冊数九三万冊、来館者数九〇万人（平成十五年実績）という数字は県立図書館として驚く数ではないかもしれない。しかし改装成って日も浅く、全体が全く新しい感覚で装おわれたこの図書館の設備と運営の実況を見せて頂いて、私たち見学者の皆がうらやましい！　という賛嘆の声をあげたのである。「明るく便利な開かれた図書館」をめざす、という理想は実現も近いように思われる。一階の総合カウンター、エントランスホール、ブラウジングコーナー、ギャラリーなどもかっこいいし、楽しい。こういう最初の印象が大事だと思う。

二階がメインの資料室・閲覧室だが、自然科学、人文科学（含社会科学）の大分類された書架が分かりやすい表示方法で示されている。色彩を見事に使いこなして細かい分類に至るまでを分かりやすくする努力が効果を表わしている。いわゆる「参考図書室」を廃して、各分類下に資料を分散していることにも気づいた。

各所におかれているパンフレットが豊富で、内容詳細なものが多く、これも目を引いた。最近採用した当図書館のキャラクター「ブック・マーくん」も愉快である。ついでにいえば、インターネットで引いても実に詳細な案内を見ることができる（http://www.lib.pref.ibaraki.jp/home/guide/gaiyou.html）。

ここのボランティア活動はいわば「公営」である。「茨城県立図書館ボランティア設置要項」によると、ボランティア活動の希望者は館長に申し込み、適当と認められる人は登録される。活動分野は代読サービス、児童への絵本・紙芝居など読み聞かせ、環境美化、資料配架、イベント補助、その他ということだが、年度ごとに公募され、担当別の定員が定められている。そういう点は他の団体と少々違っているようだが、統制のとれた活動として効果的なものと思う。

11　国立図書館

①国立国会図書館

国立国会図書館については、利用者というか、国民一般にはどの程度知られているものだろうか。（前著『図書館に行ってくるよ』日外アソシエーツ、二〇〇三　の三〇～三四ページ参照）世の研究者たちはほとんどご存知だろうが、広く一般の人たちとすれば十分な理解が進んでいるとはいえないかも知れない。まず「国立国会」と続く名前の意味が分からない、ともいわれているのではないか。「国立の」図書館で、また「国会の」図書館でもある。また市立図書館を全国の都道府県の図書館が上位のものとしてカバーしている。その上に、この国立のものがカバーする、と言えばそこまでは分かるだろう。それと「国会」のための図書館である。法律をつくるため、国政を審議するための国会、そのための諸調査をするに必要は支援を常時しているのだから、場所も国会議事堂の隣に位置している。この二つの意味を理解して貰えばいいだろう。

東京近郊の人には行きやすいが、遠くの人にはそうはいかない。基本的には普通の調べごと・研究調査には最寄の図書館を使って頂いて、そういう所で処理し切れないことを見に行くということだ。しかし、今はインターネットを用いれば、どこにいても国立国会図書館の状況は分かる。検索も自宅で可能である。また最寄の図書館を経由して貸し出しも可能。そういう使い方をすれば、全国どこに住む人も大きなハンディなしに国立国会図書館を使うことが可能なのである。

以前は国会図書館まで出向いて行って、しかもあの膨大なカードをコツコツ探し出さなければ、目指す本の有無を調べることはできなかった。それが、今は自宅でパソコンを用いれば「N

DL－OPAC」を見て、実に容易にここの蔵書が検索できるようになったのだから、その進歩は夢のようだともいえる。

ところで、この図書館は、図書分類法が他と違う。国立国会図書館はその機能が他とは違うし、蔵書の性格も異なるので、それに相応しい分類が用いられている。ここだけの分類法なのである。まず性格上、「政治・法律・行政」といった部門に大きなウエイトがあり、そして議会資料、法令資料としてグルーピングしたいということもある。またNDLC（国立国会図書館分類表）には古書、貴重書、児童図書、逐次刊行物、非図書資料、特別コレクション資料などに、主題分類する資料と同等に分類項目を割り当てているということもある。

NDLC大要表というのを見てみよう。頭からいきなりアルファベットである。

A　政治・法律・行政
B　議会資料
C　法令資料
D　経済・産業
E　社会・労働
F　教育

G　歴史・地理
H　哲学・宗教
K　芸術・言語・文学
M〜S　科学技術
U　学術一般・ジャーナリズム・図書館・書誌
V　特別コレクション
W　古書・貴重書
Y　児童図書・教科書・簡易整理図書・専門資料室資料・特殊資料
Z　逐次刊行物

ということになる。このNDLCとNDC（日本十進分類法）とを比較してみよう。かっこの中の数字がNDCによるものである。

（社会科学）
A↑政治（310）、法律（320）、行政（317）
D↑経済（330）、産業（600）、農業（660）
E↑社会（360）、労働（366）

F↑教育（370）

（人文科学）

G↑歴史（200）、伝記（280）、地理（290）

H↑哲学（100）、倫理学（150）、宗教（160）

K↑芸術（700）、言語（800）、文学（900）

（科学技術・自然科学）

M〜S↑自然科学（400）、技術・工学（500）

U↑学術一般（002）、図書館（010）、書誌学（020）、百科事典（030）、ジャーナリズム（070）

V〜Z（特別コレクションなど）

（千賀正之『図書分類の実務とその基礎』改訂版（日本図書館協会　一九九七）による）

国立国会図書館がどんな経緯でこの分類法を採用したか、その後の変遷はどうだったかなどは話が細かくなりすぎるので省略するが、他の図書館とは違った形で分類が行なわれており、ここを利用される場合は、最小限度今申上げた範囲のことはまずご理解なさって欲しい思う。それから「特殊資料分類大綱表」だけ触れておこう。

YA～F	マイクロ資料	YN	カード式資料
YG	地図	YP	大型本（縦）
YH	機械可読資料	YQ	大型本（横）
YK	フィルム資料	YR	特殊形態本
YKA～E	静止画像資料	YS	写本・自筆稿本
YL	録音テープ・映像資料	YT	点字・大型活資料
YM	楽譜・音盤		

こういうわけで、ちょっとなじみ難いが、国立国会図書館を使う場合はよく心得ておく必要がある。

また国会図書館は時々制度あるいは建物内部の改変をやっているので、以前行ったことがある人も、次に行く時は段取りが変わっているかもしれない。使い勝手を心得るには少しの時間を要する。例えば以前は図書の貸出し（館内だけである）を受ける時、電光掲示板で入館番号を表示したものだったが、今は何時に受付を済ませたかという時間・分の表示に変わった。明治大正の書物はほぼマイクロ化したので、マイクロリーダーを扱って読むことになる。これらはいずれも資料保存や運営の合理化のためであるから、結局は利用者のためになることと考えなければならない。

今、登録利用者制度が発足しているが、これも利用者が一度登録すれば、①インターネットで郵送複写申し込みができる　②関西館所蔵資料を東京本館に取り寄せて閲覧することができる　③入館手続きが簡素化される　などのメリットが得られるのである。この登録の手続きも簡単で、住所・氏名・生年月日・電話番号を届ければ、利用者ＩＤ、パスワードが貰えることになる。

今回の大きな改変は、開館時間の大幅延長で、まことに英断というべきである。この風潮は全国の公立図書館に波及し、開館時間の延長があちこちで見られるようになった。嬉しいことである。

平成一六年七月国立国会図書館の出した「東京本館新装開館と新しい館内利用サービスの概要」によれば、この年一〇月から開館日および開館時間の拡大、閲覧申込時間の改善」を実施する、とある。開館日は「原則として、月曜日から土曜日までの毎日、開館。」開館時間は「月曜日~金曜日　九時三〇分~一九時〇〇分、土曜日　一七時まで」となった。その他資料請求時間、請求件数の改善、複写申し込み時期および回数・ページ数制限の改善など、今回の大幅諸改善はまことに歓迎すべきものである。

②同関西館

さて、国立国会図書館関西館といっても未だなじみ薄いものと考えている人も多いだろう。場所は京都府の南部、奈良県に接する地域、地名でいうと京都府相楽郡精華町精華台。最寄駅はJR学園都市線「祝園《ほうぞの》」駅、近鉄京都線「新祝園《しんほうぞの》」駅、近鉄奈良線「学園前」駅である。祝園・新祝園駅前から図書館へ行けるバスがある。約十分。降りると眼前に巨大なガラス製のヨウカンのような建物を見る。全体の様子を短時間に知りたいというなら午後一時からの三十分見学ツアー、その他の方法がある。案内によると、この地上四階の建物、実は地上に見えるものは全体の二割にしかならないという。地下二〜四階の書庫は各階がそれぞれサッカー場一面に当たるというから、まことに広大なものである。

関西館は平成十四年十月開館のいわば最新鋭図書館である。国立国会図書館関西館編『図書館新世紀』（日本図書館協会　二〇〇三）によれば、館内利用サービスとして四、五〇〇平方メートルの総合閲覧室とアジア情報室がある。座席数三五〇。他に遠隔利用サービス、電子図書館サービスなどが充実している。当館のホームページ上でのナビゲーションによって、NDL―OPAC（書誌データベース）、国会会議録全文データベース、近代デジタルライブラリー（明治期刊行図書画像データベース）電子展示会など多様な情報にアクセスできると述べられている。

東京の国会図書館は最早本の収容能力からしても満杯だろうし、関西館はその補完の意味もあろうが、新しい総合的な図書館構想によって新世紀の図書館として発足された積極的な意味がある。この関西館への期待は、どこから見ても大きいものがある。

③国際子ども図書館

二〇〇二年五月から開館したこの図書館は、東京上野公園脇にある。国立国会図書館の一部であるが、内容はわが国初の児童専門図書館である。行ってみると、美しい外観・内装に驚かされる。元はといえば、明治三十九年創建の帝国図書館であったもの。その後国立国会図書館として来て、今こういう姿になった。

地下一階地上三階、五、四三三平方メートルの敷地面積、収蔵能力四十万冊というが、現在の所蔵資料は児童書や関連資料で二〇万冊ほどである。一階は「子どものへや」「世界を知るへや」「おはなしのへや」など、二階は第一、第二資料室など、三階は「本のミュージアム」などと仕組みは簡単である。

しかし個々の部屋に入ってみると、多様な児童書などの展示に圧倒され、かつ楽しくなることを請け合いである。ここは日本の本は納本ですべてのものが集まっている建前だが、さらに世界各国の児童書や関連資料、専門的情報が集められているのである。パンフレットに示される「サービスの概要」によれば、①閲覧サービス　②展示・イベント　③学校図書館等との連携　④デジタル・アーカイブ、デジタル・ミュージアムとしての機能　などを挙げている。一階の三室は、ともに児童がやってくれば大いに嬉しがるだろう。

12　私立図書館

（1）東京ゲーテ記念館

小説『夜の旅人』（別項参照）を読んで、ぜひ「ゲーテ記念館」に行きたいと思った。インターネットで記念館への道筋を調べ、過日（二〇〇四年五月）出かけてみた。

東京の地下鉄南北線「西ケ原」駅下車、地上に上がると広い本郷通に出る。国立印刷局滝野川工場、滝野川警察署を向かえに見ながら二百メートルも行くと「西ケ原一里塚」という交差点がある。そこに「ゲーテの小径」と立派な指示板が出ている。左に折れてまた二百メートルほど、右手に瀟洒な「東京ゲーテ記念館」が見つかった。（電話は、〇三‐三九一八‐〇八二八）開館時間は十一時から午後五時半まで。この日の展示は「ファウスト展パート1」というのが行なわれていた。ゲーテに関する稀覯本、「ファウスト」映画のポスター、ドイツ語原書の「ファウスト」、邦訳「ファウスト」、山本容子の描いた「ファウスト」などが一室に展示されていた。予約をしないで出かけるとそこまでである。

案内書には「当館は、ゲーテ研究者に資料や情報を提供する非営利の私設機関です。利用者は専門家に限りません。ドイツで発行された六八種類の全集をはじめ、初訳本、研究書、雑誌、新聞切抜きなど既整理総資料数一五万点を収蔵しています。これらの文献は、すべて詳細な文献カードで整理されており、あらゆる角度から検索できるようになっています。」とある。館の「由来」については、「一九四九年、実業家・粉川忠《こがわただし》（一九〇六～八九）が東京都北区王子に「ゲーテの精神的遺産を継承発展するため」の研究機関として《財団法人　東京ゲーテ協会》を設立。一九五二年、東京都渋谷区上通りに移転、本格的な活動を始める。一九八八年、現在地に移転。新館落成。名称を《財団法人　東京ゲーテ記念館》と改める。」と書かれている。財団となっているから、粉川忠氏の蒐集の後、現在も資料収集は続けられているとのことである。

蔵書は開架式ではないので、本を自由に見ることはできない。資料閲覧は「要予約」ということなので、予めどういう関係の資料を見たいと申しこんでおいて出かけるのがよいと思う。私はゲーテのことはさることながら、粉川忠というこの文献を集めた人について見られるものはないか、という関心があったのだが、案内の人によれば、それはほとんどないということであった。

記念館を出ると小さな四つ角があり、道向かいに数坪たらずのスペースがあってベンチがおかれていた。ささやかな憩いの場となっている。「ゲーテパーク」と名づけられた「ポケットパーク」である。東京都北区が作りおいた、しゃれた市民へのサービスというべきだろう。日本一小さい公園なのである。

（2）ラスキン文庫

ここに出かけた経緯は、前著（『図書館に行ってくるよ』）でくわしく触れた。この文庫創設の基礎をなしたのは御木本真珠でつとに有名な企業経営者御木本幸吉の子息、御木本隆三（一八九三～一九七一）である。隆三は（旧制）第一高等学校に在学中にラスキンの思想に触れ、生涯の研究テーマとすることを決意した。京都大学に入学後、いよいよラスキン研究にも本腰を入れた。一九二〇年～二九年イギリスに渡り、ラスキンの故地を訪れる。二四年には御木本真珠のロンドン支店長であった。しかし彼はその後生涯を通して家業を継ぐということはなかった。彼の生涯は文字通り、ラスキン研究に捧げられたのである。一九三一年ラスキン協会を設立、一九三四年には銀座に「ラスキン文庫」を開設した。隆三の没後はご家族がその遺志を継いでラスキン文庫は維持された。一九八四年、財団法人ラスキン文庫が設立されている。

現在の文庫は所蔵するものとしてラスキンの著作五〇ほど（ということは本の数にして数百冊）とラスキン研究文献その他、御木本隆三の著訳書一三冊他、それに隆三の収集したラスキンの稀覯本、自筆原稿、絵画などが存する。「ラスキン文庫」の現状は、「ジョン・ラスキンの熱心な研究者であった故御木本隆三のコレクションを基として一九八四年九月に開設された図書館です。」「ジョン・ラスキンの著作ならびに関連資料（和書・洋書）約三九〇〇冊（二〇〇二年七月現在）を一般に公開しています。」（「利用案内」）というものであるが、ここの（財団の）特徴は図書館の運用がもちろん基本であるが、同時にラスキンの思想、その歴史的役割について啓蒙し、研究活動に協力する、ということが狙いとなっている。年三回刊行の「ラスキン文庫たより」は小冊子ながら、充実した研究の参考文献といえるものだし、年数回の読書会などが行なわれている。ここは図書館としては、若干の書架の置かれた閲覧席六席の狭い一室しか目に入らない、至極ささやかなものなのであるが、ラスキンを研究してみようと決意する人にとってはかけがいのない研究資料の大宝庫なのである。（ランカスター大学のラスキン・ライブラリーとの交流も密という。）

そして私がここにラスキン文庫を取上げる理由は、隆三のコレクションに対する気持と態度のことである。草光俊雄氏のコメントを聞こう。

御木本隆三という人は気の弱い文学青年の心を生涯持っていたかのようにいう人びとがいるようだが私はそうは思わない。或いは彼自身が自分のことを決断力のない駄目な人間であるかのように述べていることがかれのイメージをそのようなものとして定着させているのかもしれない。しかし隆三が時に見せる実行力、情熱的な行動、先のことを考えない、無謀ともいえる様々な実践などは、決して心がやさしいだけの人間からは生まれないだろう。（草光俊雄「学問する自由人」『ラスキン文庫たより』第四二号（財）ラスキン文庫二〇〇二年三月一日刊、所載）

そしてこの一文の筆者草光氏は、隆三のラスキン解釈の検討、再評価について考えつつもさらに別の視点があるのだはないかと思いめぐらし、さらに、文化人類学者山口昌男氏の仕事が大きなヒントになったと言っている。

（上略）山口の議論のキーワードは「学問をする自由人」であり、彼らの「蒐集」であり、また「趣味」や「スポーツ」などに、本業以上にのめり込みそれぞれにおいても開拓者的な仕事をしてきた人々を再考することを提言するものだった。私は山口の本を読んでいて、ああ、これで御木本隆三という人物が少し分った、と思った。彼は決して時代から孤立していたわけではなかったし、金持のボンボンの気まぐれでラスキン蒐集をしたり喫茶店を開いていたわけでもなかったのである。（中略）

隆三は資産家の一人息子という恵まれた境遇にはあったが、そこに安住するだけにとどまらず、ラスキン研究を独自の仕方で行おうとした。そして単なるディレッタントとしてではなく、様々なボランタリ・アソシエイションを作り、ひとりの市民としてラスキンの教えに生きようとした。（中略）

隆三の夢は、家族の理解と努力によって今日再建されたラスキン文庫として継続されてきている。この場所を拠り所として日本のラスキン研究が地道に続けられている。（上掲誌）

私が言いたかったことは、一人の人間の執念こそが優れたコレクションを生み出すということだ。しかもそれに付け加えていえば、今聞いた草光氏の言を借りるなら、そういうコレクターは多分、いずれの人たちもが「学問をする自由人」の心を持った人たちであるに違いないのである。現在はすでに立派な形をなしている多くの図書館あるいは文庫と称されているもののうち、なにがしかはその芽は最初、ある一人のささやかな努力によってスタートしていることが多い。一般の図書館が擁する特殊コレクションと称されているものも恐らくは、そういうものから成り立っているものなのだろう。

ラスキンについての余談をはさんでおく。それはラスキンと童話ということである。世界のもっとも有名な童話の一つにルイス・キャロルの『ふしぎの国のアリス』(例えば生野幸吉訳、福音館書店、一九七一)があるが、その著者の本名はチャールズ・ラトウィジ・ドジスン(一八三二〜一八九八)といい、職業は大学の数学研究者であった。一八六二年七月四日、彼は友人と、同じ大学の学寮長リデルの娘、アリスら三人を連れてテームズ川のボート遊びをしていた。岸にあがって休んでいる時、「何かお話しして」と娘たちにせがまれて、ドジスンすなわちキャロルは思いのままに話をしてやった。ボートの上でも、次回にも話は続けられ、また、アリスからは「それを書いてちょうだい」といわれて手書きし、挿絵までつけてアリスに贈った。やがてキャロルはこれを本にして公刊して、好評を得たのである。後になって世人は初めて、この物語にはアリスという実在の人物がいたことが知られることになった。

さてラスキンだが、オックスフォード大学卒業後一八七〇年からその教授に就任し、リデル家のそばに住んでいたのだ。ラスキンは五十一歳であったが独身だった。自前で美術学校を主宰し、ここにアリスは学んで優等賞を得たが、賞品は著名な小説家サー・ウォルター・スコットの『スコットランド国境の吟遊詩人たち』という書物であった。この本の扉にリデルに宛てたラスキンの署名がなされている。そしてこの本は古書商の手を経て、今、高宮利行氏（慶大教授）の手にあり、以上の経緯を高宮氏は『ラスキン文庫たより』第二九号（一九九五年九月）に詳細に述べておられる。偶然や執念が、然るべき実証的な研究成果を挙げていく経緯とも見て取れ、話の内容とともに興味深いいきさつと見られるのである。

（3）遅筆堂文庫

これも私立図書館として個性的、かつ有名なものである。井上ひさし氏といえば劇作家その他の活動で知られているが、その本好きでも名が通っている。その井上氏が郷里の山形県川西町に自分の蔵書十三万冊を贈り、そのまま図書館とされて広く公開されている。内容はまさに個人蔵書そのものだから、癖がある。特色がある。今、ここはたいへんな人気のようだ。どうしてこれが出来上がったか、本人の話を聞こう。その原点は図書館についての以前の思い出がある。

（上略）まったくあの頃は、国会図書館なぞは特に、本を見せてやるんだからありがたく思え、といった雰囲気でした。昭和三十年代の前半頃までは、役人と国民の関係というのは全部そうでしたけど。

大学図書館には意地の悪い館員がいるし、国立は威張ってるし、これで僕はすっかり図書館というものがいやになってしまったんです。

こういう体験があって、後に、僕はたいていの調べ物は自分のうちで出来るように本をそろえようと決意したわけですね。その最初の炎みたいのがこの時に宿った。そしてこれが、後に僕自身が図書館を一つ作るきっかけにもなりました。（井上ひさし『本の運命』文藝春秋　一九九七、一二〇ページ）

その少しまえから、故郷、山形県川西町の若い人たちとのつき合いがはじまっていました。彼らは、とても本を読みたがっていたんですね。それで、ふと思い付いた。「本は全部、故郷の若い人たちにそっくりさし上げたらいいんじゃないか」

これが図書館の始まりでした。（同書一七三ページ）

ところで、その町の図書館の蔵書数は三万冊。まあ小さな町の図書館ならそんなものかも知れない。そこへ十三万冊の本が届いたというわけだ。そのユニークな図書館の開館経緯から運営次第については、遠藤征広『遅筆堂文庫物語』（日外アソシエーツ　一九九八）に詳しい。

井上氏は夫人との離婚がきっかけとなって、自宅の蔵書を手放さなければならなくなった。当初、自分の蔵書がどれほどあるものか知らなかったが、遠く山形県川西町まで何台かのトラックで運んでみると、結局蔵書は十三万冊もあった。その蔵書は地域の「農改センター」という所に運びこまれた。これが遅筆堂文庫になる。この図書館のとりあえずすごいのは、数のみならず、そのすべてが井上ひさし氏の「選書」になるものであるということだろう。だから内容にたいへんな個性がある。だからここでは蔵書の分類法としてどうすればいいかが議論になった。図書館の運営業務に当たり、かつこの本の著者遠藤氏はこう考えた。

遠藤は、うまくは説明できませんが、漠然とＮＤＣは違う気がしました。（中略）翌日、遠藤は本の引っ越しの時にメモしていたノートを見ました。これがヒントになりました。

「作家のこだわりと本の分類は一致するのではないか」

という仮説をみんなに説明しました。

「例えば、『イーハトーボの劇列車』という宮澤賢治の評伝劇があります。この芝居を書き上げるのに集めた資料をひとまとめにするわけです」（中略）

引っ越しの時に作家の資料ファイルのタイトルで見付けた「言葉」「農業」「民俗」「都市論」「地誌」「江戸」「芝居」「宗教」「天皇」「運動」「冒険」「日本人論」「貨幣」「金」「地方自治」を分類の項目にしました。暗中模索の分類の始まりです。（同書一二三ページ）

そして後に本格的な分類をする時には、この文庫の体系はこうなった。「A 言語　B 江戸
C 地図　D 演劇　E 文学賞選考本　F 貴書　G 本　H 著作本　I 井上ひさし評論
J 哲学　K 歴史　L 社会　M 科学　N 技術　O 産業　P 芸術　Q 文学　R 著作資料
S 全集　T 人物　U 俳句　V 生活者大学校　W 洋書　X 文庫　Y 関係書　Z 貸出本」

（大分類のみ）これはまさに井上氏の生活史とやってきた仕事の内容を知らねば理解し難い分類項目の立て方であろう。中でＪからＱまでにはＮＤＣ（日本十進分類法）の気配がする。これらの大分類の下には三桁の小分類までされているという。川西町の人たちは幸せである。町立図書館とは別に、こんな個性的な図書館を持っているのだから。

（４）ある大学図書館の個人文庫

個人の蔵書が寄贈されて一図書館となり、あるいは何々文庫という館内の一つのライブラリーとされる時、これはその人が選んで（買って）、その人が使った（読んだ）というところに値打ちがある。利用者はこれを手にし、利用することによって、前所有者の空気を味わうことができるのである。もし書き込みや傍線などが引かれたりしてあったら、さらにこの本がどう読まれたか、ということすら推測ができて楽しいのである。

私の時々使わせて貰っているＴ大学図書館には、この学園の先の理事長、学長であったＡ氏が寄贈された全蔵書が「Ａ文庫」という名称で一つのライブラリーをなしている。いわゆる専門研究者として本学に在られた方ではなく、したがって蔵書は本格的な専門書の山というのではないが、私がその文庫を見て好ましく思うのは、本業は政治家であったこの人の戦前・戦中に身につけた教養である。この頃の人は、どんな職業につく場合でも哲学・文学などの一般的な素養をもっていた。蔵書を見ればそれが分かる。専門書ではないが、高度な教養書といえるものが多いのである。

さらに私がちょっとおもしろく感じているのは、この文庫を見ていると、例えば戦後の昭和二、三十年代あたりの書店を見て歩いているような気になってくるということだ。A氏は昭和年代で亡くなっているので、蔵書はそこまでのもので留まる。だからなおさら、タイムマシンにのってその時代に戻り、この時期をさすらっているような気にもなる。

このA氏の文庫の蔵書から数冊、取り出してみよう。それもちょっと私の思惑があるので、刊行年順に並べてみる。本そのものの選択は任意のものである。任意といっても今見れば、時代を物語る。

①辻政信『決定版　潜行三千里』亜東書房　昭和二六年（一九五一）
②巣鴨遺書編纂会『世紀の遺書』白菊会　昭和二八年（一九五三）
③福田恒存『平和論にたいする疑問』文藝春秋新社　昭和三〇年（一九五五）
④石川信吾『真珠湾までの経緯』時事通信社　昭和三五年（一九六〇）
⑤開高健『過去と未来の国々』岩波書店　昭和三六年（一九六一）

⑥笠信太郎『〝花見酒〟の経済』朝日新聞社　昭和三七年（一九六二）
⑦前田清『日本の社会開発』春秋社　昭和三九年（一九六四）
⑧渡辺銕蔵『天皇のある国の憲法』自由アジア社　昭和三九年（一九六四）
⑨池田大作『家庭革命』講談社　昭和四一年（一九六六）
⑩野田卯一『わが国の公的年金』日本国民年金協会　昭和四一年（一九六六）
⑪秋吉茂『ニッポン女傑伝』謙光社　昭和四四年（一九六九）
⑫山下兼秀『今こそ憲法改正を』時局問題刊行会　昭和四六年（一九七一）

教養云々の話は終えて、さてここでついでの話である。最近の人で、最近の本しか見ない人は気づかないだろうが、この当時の本の奥付けを見ると、著者の「検印」が押された二センチ四方くらいの紙が貼ってあるのが普通だった。出版社が例えば三千部印刷・発行しますと言えば、著者は三千枚自分がハンコを押した紙を渡し、これが貼ってある本が、著者に印税を正しく払った書物である、ということになっていたのである。つまり、出版社が三千部といって、実は五千部売り、二千部の印税を著者に払わずにごまかしてしまうということを防ぐシステムなのである。しかし、戦後出版部数が大量になってきたことや、出版社と著者の信頼関係が確立したということで、この制度は次第に用いられなくなった。厳密に法的な定めがあるものではなかったから、何時からどうなったとはっきりはしない。それが右の十数冊の本で、こういう時代を通してみるとよく分かるのである。それを一覧しよう。奥付けには印の押された検印紙が貼ってあるか、また貼ってない場合の説明が書いてある。

①検印あり　②なし　③「検印省略　著者承認」　④検印あり　⑤なし　⑥なし　⑦「著者との協定により検印廃止」　⑧「著者の了解を得て検印紙をはることを略す」　⑨検印を押した状態を印刷　⑩「検印廃止」　⑪検印あり　⑫なし

という具合である。こういう時代を経て、何時の間にかこの検印制度はすたれ、現在はどの本も何も書かず、何も貼らないままに「検印」はなくなった。

それからさらについでだが、「©条項」という表示である。コピーライトの頭文字のcを表示して著者名、刊行年、を奥付けに表示する。著作権の問題だが、これも、この頃表示されることになったが、多くの書籍で間違いも見られる。⑨は、「©『家庭革命』1966」と書いている。ここは著者名が来るべきで、本のタイトルを書くのはまったくおかしい。大手出版社でもこういうことがあったようである。

そんなことを通して見られるのが、前述のように昭和二、三十年代あたりの知識人の書棚を覗きこむような、ちょっとしたおもしろさである。

さてもう一つついでの話。この大学図書館は最近、新書版と文庫版に限って全図書分類を網羅したコーナーを設けた。今やこうした軽装本で、ほとんどどんな分野の本でも相当レベルのものまでは読めるということがこれで分かった。専門書ないしそれに近いものは別である。とかくこの頃の学生や一般の人々は簡単な啓蒙書、入門書、一般書を手っ取り早く読みたがる。それならば、こうした試みは読者利用者にたいへん親切な企てである。数も七千冊に及ぶという。いいアイデアだと思った。

（5）特別なコレクションの例

私立図書館・文庫はもちろんのこととして、公立図書館だけを見ても多数の特別なコレクションを知ることができる。（社）日本図書館協会編・刊『公共図書館の特別コレクション所蔵調査報告書』（一九九七）を見れば、まずその今日の状況が大勢覗うことができる。この調査はアンケートに応じて回答した三〇八館、七三五件のコレクションが網羅されている。北海道から九州まで、諸コレクションを持つ図書館が、何々家文書、誰々資料、何々文庫、誰々コレクションなどと表示されている。

これらを見ているうちに、私は先ほどの視点からすると、個人の営為から為されてきたコレクションと、そうではなく諸団体・法人の仕事があるということをよく理解することができた。まず本人のものというのは、本人の著作を中心に、その蔵書と一括寄託・寄贈されたものであろうという物件である。そして、これはその後追加ということがなく文献の増減は原則的にはないものとしてずっと所蔵されていくという場合と、後には財団法人化されるなど（ラスキン文庫などが好例）、なお活性化して図書館・文庫が利用されているものとがあるように思われる。

もう一方は特定テーマ（人物・地域・主題など）ごとに研究書・文献などが集積されてコレクション化したものである。もちろんこれも個人あるいは団体が寄託あるいは寄贈したものが基礎になっていることが少なくはあるまい。そしてこちらはその後も次第に追加して蒐集が進んでいるのではないかと想像される。この報告書のリストを見るだけでも興味をそそられるが、こういうものを見なければそんなコレクションがあろうとはついぞ気づかないものも多い。個人のものとしては古典的なものから現代的な範囲まで様々である。例示してもキリがないのだが、少しだけ出してみよう。「赤川次郎作品コーナー」（湧別町図書館）、「賢治文庫」（岩手県立図書館）、「竹久夢二関係資料」（船引町図書館）、「滝平二郎コレクション」（玉里村立図書館）、

「堀口大学文庫」（葉山町立図書館）、「中野重治蔵書および関連資料」（中野重治文庫記念丸岡町民図書館）などが新しい感じのものだ。「地域」の例としては「韓国・朝鮮図書コーナー」（大阪市立生野図書館）、「四国新聞コレクション」（坂出市立大橋記念図書館）、「すみだゆかりの作家」（墨田区立緑図書館）など。「主題」については、もっとも多様であり、興味深いものが無数に見られる。「飛行機・飛行場コーナー」（立川市中央図書館）、「社史コレクション」（立川市立西砂図書館）、「基地飛行場関連資料コーナー」（立川市中央図書館）、「社史コレクション」（神奈川県立川崎図書館）、「赤穂義士コレクション」（新発田市立図書館）、「西堀栄三郎記念探検の殿堂コレクション」（湖東町立図書館）、「茶道・花道コレクション」（土岐市図書館）、「メロン文庫」（袋井市立図書館）などであるが、これらはすべて私が任意に抜き出したもので選出に格別の意図はない。

13　日本の小説

『三四郎』

小説の中で時折、図書館の話が出てくる。これは私をちょっと喜ばせる。ところが、図書館が舞台に使われていても、その作品では図書館がどういうものとして表現されているかが気になるのだ。図書館をメインの題材に使った小説などはそう多くないが、ないことはない。わが国で古典的な小説の中の図書館風景といえば、夏目漱石の『三四郎』が代表的なものということになるだろう。もっともこれは公共図書館でなく、東京帝国大学の附属図書館である。『三四郎』は明治四十一年（一九〇八年）に朝日新聞に連載された作品であるから、今から見ればはや百年近く前、そんな時代情景ということになる。

三四郎は九州の（旧制）高等学校を卒業し、東京に出て来て大学に入って佐々木与次郎という男と知り合う。講義を聴いてもつまらない。その男といっしょにブラブラ寄席を聞いて後、彼は、

「是から先は図書館でなくっちゃ物足りない」と云って片町の方へ曲がって仕舞った。此一言で三四郎は始めて図書館に這入る事を知った。

其翌日から三四郎は四十時間の講義を殆ど半分に減して仕舞った。さうして図書館に這入った。広く、長く、天井が高く、左右に窓の沢山ある建物であった。書庫は入口しか見えない。此方の正面から覗くと奥には、書物がいくらでも備へ付けてある様に思はれる。（中略）三四郎は一年生だから書庫へ這入る権利がない。仕方なしに、大きな箱入りの札目録をこゞんで一枚々々調べて行くと、いくら捲っても後から新しい本の名が出て来る。（中略）

次の日は空想をやめて、這入ると早速本を借りた。然し借り損なったので、すぐ返した。三四郎はかう云ふ風にして毎日本を八九冊宛は必ず借りた。尤も会《たま》には少し読んだのもある。三四郎が驚いたのは、どんな本を借りても、屹度誰か一度は眼を通して居ると云ふ事実を発見した時であった。それは書中此処彼処に見える鉛筆の痕で慥かである。（『漱石全集』第四巻　岩波書店　一九六七、四五〜四六ページ）

というわけで、三四郎は大学の図書館、つまりはその利用者たちの勉強ぶりに驚異の目を開くのであった。

現代の小説にももちろん、いくらも図書館の状況は出て来る。それは小説の作者が①職業として、あるいはアルバイトか何かで、いわば内側から図書館を見ており、実際の図書館をよく熟知している場合　②作者が図書館を利用した体験から、図書館の状況をよく、あるいはだいたい、あるいは少し知っていて、その経験を作品の中で使う、ということによるのである。

『夜の旅人』

阿刀田高氏の『夜の旅人』（文藝春秋　一九八三）は、実在の人物をモデルにした図書館小説である。私立図書館「東京ゲーテ記念館」を独力で作り上げた粉川忠という人物について詳細に描きあげているおもしろい長編で、阿刀田はこれを書く前に同じ素材で短編「ナポレオン狂」を書いて直木賞を受けている。これも粉川忠がモデルだが、主人公をナポレオンの収集家としたのである。著者はもともと国会図書館に勤務していたから、この小説にも体験が重なっていて、その点からも興味深いのである。

粉川は水戸近郊の村に生まれ、小学校は一番の成績で通し、師範学校に入るが、学者の講演など聴いているうちにゲーテに取り付かれる。彼はスタートしかけた教員生活を振って、ゲーテ図書館をつくるという固い信念ができてしまうのである。彼は誓いを立てる。「一、すべて独力でやる。いかなる事情あるも他から経済的援助は受けない。二、学者にはならない。ゲーテの資料を集めることだけを目的とする。三、けっしてゲーテを利用して金儲けをしない。四、事業が完成するまで断じて故郷の土を踏まない。」というものである。彼は生業として味噌漉し機械の製造販売を行なって、その利益をことごとくゲーテの資料収集に宛てた。そして彼の人生には多くの重要な人々との出会いがある。東京帝国大学のドイツ文学教授木村謹治に出会い、その指導を受けることになったのも大きいものといえた。著者はまたこう言う。「すべてのゲーテをすべての人のために、それが粉川のモットーであった。」例えば「俳優座で〈ファウスト〉

の公演が始まったときには、――よし、これからは国内で公演されるゲーテ劇の資料一切を集めよう――と、仕事の枠をまた一つ広げた。」という具合である。

そしてもう一つ、紹介しておきたいことがある。粉川は「ゲーテ十進分類表」を作るのである。

例えば６８―９０―５１―２３―１４。

この十個の数字から成る記号は、昭和四十年に俳優座が帝国劇場で〈ファウスト〉劇を公演したときの舞台装置立体図を表わす。

一番最初の数字６番は〝０↓綜合、１↓ゲーテ環境、２↓精神社会科学、３↓文学（総括）、４↓文学（詩）、５↓文学（小説、戯曲）、６↓文学（ファウスト）、７↓芸術、８↓自然科学、９↓生活記録〟と分かれる十区分のうちの６番、つまり〝文学（ファウスト）〟を表わしている。

二番目の８は、その〝文学（ファウスト）〟をさらに分類して〝１↓綜合、２↓論究、３↓伝説、４↓解説梗概、５↓各国語訳、６↓日本語訳、７↓ウル・ファウスト、８↓演劇、９↓ゲーテ以外のファウスト〟とある中の８番、つまり演劇である。

以下９０は日本で上演のファウスト劇、５１はその中の昭和四十年の俳優座公演を指し、

23はその舞台、14は舞台装置の立体図となる。

このようなところまで、自分の図書館を徹底的に作り上げるというのはすごいと思う。この小説を通じて、私は私立図書館設立の粉川の熱狂的な情熱を見て感動するのである。

『第三閲覧室』

この小説の作者紀田順一郎氏は図書館のみならず書誌学などにもたいへん詳しい専門家であるから、これはズバリある大学図書館の『第三閲覧室』（新潮社　一九九九）というわけである。小説の目次としては意外な「入館　検索　借出　閲覧　複写　返却　退館」というスジ立て、これが話の展開をほのめかす章立てになっている。そして扉の裏には「誠和学園大学総合図書館4階略図」が載っている。この階に「第三閲覧室」がある。推理小説仕立てであるから、ストーリーはここに書くわけにはいかないが、これはまさに図書館を舞台にしたという意味での図書館小説ではある。

いかもしれない。

『海辺のカフカ』

村上春樹氏の長編『海辺のカフカ』上下（新潮社　二〇〇二）も亦、図書館小説と言ってい

15歳の誕生日がやってきたとき、僕は家を出て遠くの知らない街に行き、小さな図書館の片隅で暮らすようになる。（九ページ）

高松市の郊外に、旧家のお金持ちが自宅の書庫を改造してつくった私立図書館がある。（中略）いつかもし機会があったらぜひこの図書館を訪ねてみようと思った。「甲村記念図書館」というのが図書館の名前だった。（五七ページ）

ソファに腰かけてあたりを見まわしているうちに、その部屋こそが僕が長いあいだ探し求めていた場所であることに気づく。（中略）そんな場所がほんとうにどこかに実在したなんて、まだうまく信じられないくらいだ。（六四ページ）

（結局「僕」はここに住み着く。）「もう少し正確に表現するなら、君はこれから図書館の一部になるんだ。君はあの図書館に寝泊りし、そこで生活する。開館時間になったら図書館を開け、閉館時間になったら図書館を閉める。（中略）なによりも便利なのは、図書館の

中にいれば君は好きなだけ本を読めるということだ」（二六八～二六九ページ）

「鈍感な青年」

丸谷才一氏の「鈍感な青年」は『樹影譚』（文藝春秋　一九八八）に収められている。この話は図書館員の「他愛ない話」がきっかけである。

その図書館は月曜が休みで、土曜日曜は五時半までだから、日曜の六時になると古参の館員たちは副館長の部屋で酒を飲んだ。土曜の六時にはじめることもあった。ときには館長も加はるし、女もまじる。酒は本屋その他からの貰ひ物が多いが、それだけでは足りないから金を出し合って買ふ。肴は近くの肉屋から惣菜を買った。

話題はやはり本のことが多い。切り取られたり盗まれたりする本とか、新刊の辞書や事典の悪口とか、出版社の評判とか。編纂物のとき資料を借りに来る学者の品さだめをすることもあった。あとは他愛もない話。

その他愛もない話の一つとして、閲覧者についての噂がある。（七ページ）

この小説はここから始まる。この後は館員たちの噂話でなく、「どこかの大学の女子学生」と「別の大学の学生らしい若者」との恋の物語となる。なぜこんなタイトルになっているかを説明しようと思うと、この小説の全ストーリーを話さなければならないので、それは止めるが、実際、図書館の館員がこうして閲覧者についてもよく見ているものだとすると、しばしば館を訪れる利用者は、自分で相当注意をしなければプライバシーを失うことがあるかもしれないと感じさせる小説だということになる。

以上の作品は図書館については現実的な描写になっているが、以後のものはだんだん非現実的な、幻想的なものとなってきて、またおもしろさも加わってくる。

「ある老人の図書館」

これは倉橋由美子氏の小説集『老人のための残酷童話』（講談社、二〇〇三年）に収められている。これなどは奇怪な物語という部類に入るものであるが、いったい図書館というものはある種、幻想をも呼び入れる仕組みだと私も思う。図書館というだけで、現実から飛び離れた世界を想像させられることがあると思うのは私だけではないだろう。現に図書館にまつわる奇妙な話はいくらも創出されているのである。

まずその最初がこの作品である。

その図書館は気が遠くなるほど長い一本の廊下からできていました。廊下は蛇のようにとぐろを巻いて、あるいは蚊取り線香のように渦を巻いて、中心部の方へと下がっていく構造になっていました。廊下の幅は四メートルもありませんでしたが、総延長は何十キロメートルになるか、正確なところは誰にもわからないほどでした。（九ページ）

これがこの話の書き出しである。元来奇妙な図書館であることが最初から分かる。この図書館が変わっているのは、その全蔵書である。「前世紀までに出版されたすべての書物」があつめられている。そういうスタイルだから、蔵書はもう増えない。新しい本が入らないのだからすこぶる人気のない図書館で、閲覧者がほとんどない。しかしそこに毎日やって来る男女不明の老人がいて、おかげで閲覧者ゼロの日はない。ひたすら本を読み続けるこの老人に司書は感心して話しかける。老人は答える。

「（上略）私の場合、読みつづけていないと生きていけない体質になっています」

「お読みになった内容はどうなるのでしょう？　頭の中に入って分類され、整理されているということでしょうか。図書館みたいに」

「そうですが、分類法は図書館のとは違います。私の頭の中では、テーマ、問題、項目ごとに整理されています。たとえば、死ならば死という引き出しに、死についての文章が入っている、といった具合です」

「つまり、百科事典方式ですね。頭の中に百科事典ができあがりつつある……」

「でも、それが私の図書館です。私は自分の理想の図書館をつくろうとしているのです」

（一六ページ）

　そのうち図書館は、二十四時間開館のシステムと変わる。老人は館内に棲みついたようだ。館員たちはある日この老人のことを思い出して、館内の捜索にかかる。老人の姿はどこにも見当たらず、廊下の壁に沿って、乾燥した馬糞か綿埃か毛玉のようなものが散らばっているのに気づかされる。このゴミについて、一番古い司書がこれはあの老人の排泄物であろうと推理を述べた。

「読んで頭に入った活字、摂取された活字のうち、栄養にならない滓がこうやって排泄されたのです。あの人は、読んで気に入った文章は頭に残し、その文字は微細な粒子として自分の体を構成する材料になると言っていました。一方、気に入らなかったところは、その文字を糞として排泄してしまうのだそうです」

(やがて皆は床の表面が紙に覆われたような状態を見つける)

「要するに、これがあの老人の死体だ。いや、あの老人が変身してこうなったのだ。無数の文字を転写した一枚の広い紙の形をしてできた百科事典のようなものに……」

「つまり、いつかあの人が言っていた理想の図書館がこれですね」

一枚の皮を敷き拡げたようなものは人の動きとともに波打ち、その表面からは陽炎のように細かい埃が立ち上っているように見えました。(後略)

図書館の本はほとんど白紙になっている。館長は「よく食べたものだ」と呟く。図書館は終りだ。「われわれもこれで終わりだということだ」図書館は廃墟となった。

『幻想図書館』

寺山修司氏のこの本（ＰＨＰ研究所　一九八二　一二八～一二九ページ）の中にも奇妙な話が出て来る。イランのペルセポリスに行った時のこと。

なだらかなシラーズの砂丘に、建ちかけのすばらしい建物があったので、

「あれは？」

ときくと、案内人のムスタファが、

「王立図書館を作ってるんです」

という答えであった。

それから数年たって、もう一度ペルセポリスへ招かれたときに、砂丘を見ると、完成している筈の図書館があとかたもなく消えている。

一体どうしたのだろう、とホテルの主任にきくと、

「図書館ができるには、できたんですが……」と、口ごもって答えた。

「全館に本を入れたところ、その重みで砂丘に沈んでしまったんですよ。ホラ、あそこに一寸だけ見えているのが、屋根ですよ」と。

というだけの話ではある。何が言いたかったのだろう。

14 外国の小説

『図書館の死体』

一方、翻訳ものではまず、現存するアメリカの作家ジェフ・アボットの数冊のシリーズ『図書館の死体』（佐藤耕士訳、一九九七、ハヤカワ文庫）、『図書館の美女』、『図書館の親子』など三冊を私は読んだ。原作ではいずれも「図書館」の文字は表題についてはいない。例えば第一作の『図書館の死体』の原題は『Do Unto Others（人にしてもらいたいと思うことを、人にもしなさい）』である。それらを訳者（あるいは発行者？）はきれいに続けて「図書館」のシリーズに並べ揃えてくれた。原題のままの訳だったら、私もこれらの小説に目を留めなかっただろう。このシリーズはいずれも「ミラボー図書館の館長ジョーダン・ポティート」が主人公である。

『図書館の死体』については、訳者がうまくこの本の出だしを要約してくれている。「アルツハイマー病の母親の世話をしようと、ミラボーに帰郷して図書館の館長をしているジョーダン・ポティートは、悪書追放に執念を燃やす狂信的クリスチャンのベータと、図書館で派手に口論した。ところが翌朝、なんと図書館のなかで、バットで撲殺されたベータの死体が発見される。しかも凶器のバットは、前日ジョーダンが偶然拾って館内に置いておいたものだった。さっそくジョーダンは、幼なじみのジューンバッグ保安官から事情聴取されるが、そのときベータの遺体から発見されたという奇妙なメモを見せてもらう。それは八人の名前にそれぞれ聖書の引用句が記されたリストで、ジョーダン自身と母親の名前もあった（後略）」（三九五〜三九六ページ）

ジョーダンの家族や助手も出てくるが、図書委員会の委員というのが数人登場してくるし、館内の雰囲気も分かって面白い。そして、この小さな田舎町では図書館のなかでこんな事件が起こるほどに（そのこと自体は不幸なことだが）、図書館が市民に馴染んでいるのだ、ということに私は感懐を覚えるのである。

ここの図書館では「図書委員会」という館の運営について議論する会があるのだが、誰かが何らかの要望書を出して館長自身が問題を解決できない場合は「蔵書再検討委員会」を招集して議論しなければならない。ある委員ベータ・ハーチャーがまたその会の召集を要請してきた。「ベータはこれまで十六回にわたって蔵書再検討委員会の召集を要求してきたが、実際には一冊も棚からはずせたためしはない。ぼくは丁重に断わることにした。『ハーチャーさん、ロレンスが猥褻だなんて、いまどきだれも考えませんよ。現にオースティンやカレッジ・ステーションあたりの大きな大学に行けば、授業でロレンスを教えているくらいですから』」(一三ページ)

こんな委員さんなどは時折、どこにもいそうである。

また図書館の常連の描写がある。「レンフロじいさんは、いつもと同じすり切れたスーツ姿だ。どうやらそれと寸分たがわぬスーツを何着もしまった大型衣装ダンスがあるらしい。白髪頭の下には、良識にあふれた浅黒い顔があった。郵便局を定年退職し、みんなの住所を読むのにうんざりしたいま、昼間は図書館で過ごすことにしているのだ。おそらく図書館の全蔵書を、少なくとも一度は読んでいるのではないだろうか。児童書コーナーの本でさえ、何人かいる孫に読み聞かせてやっているはずだ。聞くところによると、彼はある規則性にのっとって、全書架に並ぶ本に挑んだらしい。その規則性とは、図書の十進分類法にしたがって、食料品の買い物リストのように上から順番に読みあさっていくことだ。本名はウィリーだが、みんなはレンフロじいさんと呼んでいる。」(二八八〜二八九ページ)

『図書館の美女』

ところで第二作『図書館の美女』（『The Only Good Yankee』）ではヘンな話が一つ入っている。ミラボー図書館の館長ジョーダン・ポティートが「だれかが図書館から爆発物に関する本を借りてないか、あるいはだれかが返却時に、本にリード線と時限装置をつけて返してやしないかと、調べてみた（どちらも該当するものはなかった）。」（九ページ）という記述がある。後段の時限装置を調べるというのは分かるが、そんな本を借りている人を調べるということは許されることではない。至近地域で二度も爆弾事件が起きたという非常時だから、犯人探しの一助にということなのだろうが、こんなことは図書館にとっても基本的な問題なのだが、どうしてこの作品の著者はこういうミスを犯したのだろう。

但し状況によってはわが国でもあり得ることでもある。一九九五年四月、例のオウム真理教のサリン事件が起こった時、捜査当局は裁判所の令状下、国会図書館の利用者の閲覧内容が分かる約五十三万人分（約一年二カ月分）の個人データである利用申込書、資料請求書、複写請求書を持ち去った（藤野幸雄他著『図書館情報学入門』有斐閣、一九九七　による。）という。

その他図書館をめぐっての素描を拾ってみよう。本スジの話ではないのだが。「両親がボナパート郡有数の銀行家であるキャンディスは、パートタイムで図書館の仕事に従事し、残った時間はゆうゆうとボランティア活動にいそしんでいる。」（一三ページ）こういう感じの女性などがいるのである。

「ぼく（館長）は事務室にいて、ほとんど貸し出されない本を館内の棚からはずす計画を練っているところだった。少なくとも年に一度は、この苦悩を経験しなければならない。どの本がいちばん興味を持たれず埃をかぶっていたかを、貸出記録から判断するのだ。そういう本は業者に売って、新刊を買う際の足しにしていく。わが図書館の書籍購入予算は、たいして増えてないからである。」（二〇～二一ページ）　いずこも同じ予算難であるが、こういう費用捻出をやっているのだ。

「（館長は）その日はそれから、昼までずっと図書館で仕事をした。仕事の内容は、行政に補助金を申請する（地方の図書館は、熾烈な補助金獲得競争を展開しているのだ）書面の下書きをし、児童書の新刊注文を出し（最も伸び率の著しい棚であり、それだけミラボーの住民たちは生殖活動がお盛んということだ）、年配の常連たちの、腕の怪我がどうしたら早く治るかという忠告に耳を貸すことだった。多くはいまだに、ウィスキーにハチミツをちょっと混ぜて飲めば、ほとんどなんでも治ると信じている。」（二四三ページ）こんなのどかな館長さんの仕事である。

『図書館の親子』

『図書館の親子』（『Promises of Home』）の方でも気をつけて読むと、そういう描写がある。先述のキャンディスだが、「キャンディスが図書館でパートタイムの司書をしてくれていたとき、ぼくは彼女と恋に落ちた。そして、ぼくがキャンディスを愛しているというとき、それはひとつの単純な事実を示している。キャンディスはすでにぼくの考え、呼吸、心臓の鼓動の一部となっている、ということだ。」（四三ページ）　わが国だって独身の図書館長がいて、恋愛を実行しても別におかしくはないのだが、この小説に出てくるような雰囲気はあまり聞いたことがない。

「キャンディスと姉さんのことを心配するのはやめにした。というよりは、図書館での朝の仕事がいつになく多忙をきわめ、それどころではなくなったのだ。原因は、ぼくの部下であるフローレンス・ペタスとアイタスカ・ヒューブラーのふたりが、ミラボーに流行りはじめた風邪にかかり、それがひどくてふたりとも休んだからだ。ぼくはひとりで図書館報のレイアウトをしながら、本やテープの予約をしてくる利用者の電話に応対し、とても手が出そうにない書籍検索ソフトウエアを売りつけようとするオースティンからきた仕事熱心なセールスマンの話に耳を傾けた。ようやく束の間の休息が取れたときは、雑誌コーナーのテーブルのそばで、図書館一の常連であるウィリー・レンフロじいさんと一緒にコーヒーを一杯楽しんだ（フロアでコーヒーを飲むのは厳禁なのだが、そのとき館内にはレンフロじいさんとぼくしかいなかったし、だれにも見つからないことに関しては、ぼくらは自信があった）。うれしいことに、そのとき幼友だちのデイヴィス・フォラドリーと、息子のブラッドリーが入館してきた。」（四六〜四七ページ）という具合にすこぶるのんびりした、この地方都市の図書館風景がわかる。

ブラッドリーは返却期限の切れた本を返しに来て、父親が付き添ってきたのである。「わが図書館では、ふつう返却期限切れを三度まで知らせる。それ以後は、本の代金として延滞金を課し、それ以外に手数料として五ドル請求することにしている。今回の場合、その合計は三十ドルをくだらないだろう。けれども図書館としては、フォラドリー家に返却期限切れを連絡していなかった。おそらくアイタスカ（館員）が図書カードをきちんとファイルし忘れたのだろう。これでは責任をブラッドリーだけに押しつけるわけにはいかない。この少年は、この本が大好きで持っていたのであり、ぼくらはそれを放っておいたのである。それに本も無傷で戻ってきた。この少年は、いままでの人生で楽しいことがどれほどあっただろう?」　ぼくは二十五セントだ、と大負けに負けた罰金を言い放つ。「ごめんなさい、もう二度としないから」と少年は詫びる。ぼく（館長）はこの少年にさらにサービスしてやりたくなり、「ブラッドリー、新しい本が入ったばかりなんだ。いちばん最初の読者になりたくないかい？」と声を掛ける。「うん！新しい本、読みたい！」と目を輝かせるブラッドリーに館長はまた融通を利かせるのである。「でもまだ貸出はできないんだ。登録処理がすんでないし、返却カードも作ってないから」しかし、こう声をかけてやる。「向こうに座って読んでていいよ。ただし、くれぐれも汚さないように気をつけてくれ。なにしろ新品だからね。ぼくはお父さんと、ちょっと話があるから」（五〇～五二ページ）という話もおもしろい情景である。

次の話。「金曜日は物語の日。」「十一時半ごろから、子どもたちが続々と入館してきた。子どもというのは、ひとたび館内に足を踏み入れると、声の大きさをコントロールできないものらしい。彼らがいちばん好むのは、書架の並んだところでする鬼ごっこであり、同じくらい好きなのは、密かにクレヨンを持ち込んで落書きしたり、お昼前の軽食がわりにそのクレヨンを食べてしまうことだ。雑誌コーナーにはたいてい大人たちが陣取っているのだが、パトカーのサイレンが近づいたときの閉店時間を過ぎた酒場よりも速く、人気《ひとけ》がなくなってしまう。年寄りは子どもと一緒にいるのが好きだといい張る向きには、ぜひとも金曜日にこの図書館に来て、このちびっこたちから年寄りたちがどれほどすばやい逃げ足で逃げていくか、とくと見てもらいたいものだ。」（六二～六三ページ）という雰囲気も愉快である。

このシリーズは推理小説なのだが、このように図書館風景を随所に描き出しているのがおもしろく、その部分に限って紹介を試みたのである。

『図書館警察』

翻訳もので図書館小説の極めつけともいうべきは、スティーヴン・キングの『図書館警察』（白石朗訳　文藝春秋　一九九六）であろうか。この本ではまず巻頭の献辞として「本篇を、パサデナ公立図書館の職員、およびその利用者各位にささげる。」とあるが、小説でこんな献辞が出てくるのは極めて稀であろう。さらに「はしがき」に当たる「『図書館警察』に関するノート」にもこの作品を生み出すに至った経緯が書いてあるのだが、それはまさにこの著者が図書館マニアと言っていいくらいのものであることを紹介している。息子オーウェンが学校に読書感想文を出さなければならないので、ある本を買ってくれと言う。それなら地元の図書館に行け、いい図書館だぞと言ってやるのだが、息子はなんと、「図書館警察」が怖くて行けないよ、と返事する。叔母から聞かされているのだ。「わたしは大喜びした。なぜって――わたし自身、子ども時分には図書館警察が怖くてたまらなかったからだ。貸出期限を超過した本を返さないと、その子の家にまでじっさいに押しかけてくる、顔のない法執行官たち。それだけでも悪夢なのに……たとえばこの警官たちが家を訪問してきたとき、問題の本が見つからなかったら？　そうなったらどうなる？　警官たちになにをされるのか？　紛失した本の埋め合わせに、なにをもっていかれるのか？」（八ページ）

話はこの後、始まる。内容はSF的なものになるが、ここではストーリーに関する話は避けて、例によって図書館のことについて触れていこう。と言って、この本はほとんど図書館が舞台である。訳者たちの座談会が巻末にあって、これがこの本の「あとがき」の態をなしているのだが、小尾芙佐氏が「キングの図書館好きな気持がひしひしと伝わってきたわ」と語っている。白石朗氏はまた「アメリカの図書館はなにより雰囲気があるし、お化けも出やすいのでは？（笑）それからアメリカの子供たちにとって、図書館はひとつの原体験みたいなものなのではないでしょうか？」などというのが見逃せない解説である。

日本の図書館利用者から見ると、意外な話も出てくる。利用者は図書館に二ドル払わなければならない。「大人用の図書館利用カードの発行手数料です。でも三年間有効なんです。更新手数料はたったの五十セント。云々」（三二ページ）「その二冊の本の貸出期間は一週間だけです。というのも、特別参考図書コーナーの本だから。」（三三ページ）日本では参考図書は貸出をしないのが普通だろう。……まあ、こんな細かい図書館の規則的な日米の差なんか、放っておいて、独特の本書の世界に没入する方がよいのではあるが。

「バベルの図書館」

これはアルゼンチンの作家ホルヘ・ルイス・ボルヘス（一八九九〜一九八六）の『伝奇集』（岩波文庫　一九九三）に集められた短編の一つで、十余ページにすぎないものである。しかし知名度において極めて高く、内容は奇妙でおもしろい。ボルヘスは図書館職員の経歴を持つ。

著者のいう「バベルの図書館」は、行間・ピリオド・コンマ・アルファベット二十五文字のあらゆる組合せで仕上がる書物をすべて蔵しているのだ、という。したがって図書館自体を宇宙と呼んでもいいほど巨大なものである。本とはそもそも、あらゆる文字などの順列組合せによって成立しているものであるから、この図書館には過去から現在、未来までの書物がすべて存在しているはずなのである。その量は有限で、容易に計算もできるのだが、実質、無限に近い。

その蔵書数はものすごい量になるから、必要な本のある所にはほとんど誰も到達できないのである。これが「バベルの図書館」といわれる所以である。

著者の文章（訳文）をたどってこの図書館がどうなっているのかを想像してみようと試みて

も、それはたいへん難しい。

（他の者たちは図書館と呼んでいるが）宇宙は、真ん中に大きな換気孔があり、きわめて低い手すりで囲まれた、不定数の、おそらく無限数の六角形の回廊で成り立っている。どの六角形からも、それこそ際限なく、上の階と下の階が眺められる。回廊の配置は変化がない。一辺につき長い本棚が五段で、計二十段。それらが二辺をのぞいたすべてを埋めている。（中略）

五つの書棚が六角の各壁に振りあてられ、書棚のひとつひとつにおなじ体裁の三十二冊の本がおさまっている。それぞれの本は四百十ページからなる。各ページは四十行、各行は約八十の黒い活字からなる（後略）（『伝奇集』岩波文庫　一九九三、一〇三ページ〜一〇五ページ）

そして著者は結語に近くなって、「人類は絶滅寸前の状態にあり、図書館だけが永久に残るのだと思う」などという。「図書館は無限であり周期的である。どの方向でもよい、永遠の旅人がそこを横切ったとすると、彼は数世紀後に、おなじ書物がおなじ無秩序さでくり返し現われることを確認するだろう。」（一一六ページ）とも語るのである。図書館というもの、書物というものについて、このような感懐を抱いた人はこれまでにあったろうか。

15　図書館をめぐる映画の本

この表題に関する文献という限り、この著者の独壇場であるようなので、飯島朋子著『映画のなかの図書館』（日本図書刊行会刊、近代文芸社発売　一九九九）だけを紹介しておきたい。

この本は読みもの的な書物ではなく、文献目録の体裁をなしている。〔第I部　図書館映画一覧〕というのは、「これまでに発表された図書館映画に関する文献にあげられた映画」を一件二行に簡略解説したものである。その分類は「S：図書館の場面があったり、図書館員が登場するもの」「L：ほんの少しだけ図書館、記録所、資料室が登場するもの」「W：図書館あるいは図書館員についてのせりふのみがあるもの」「P：個人の書斎、あるいは書店のカタロガーが登場するもの」「N：未見あるいは図書館場面を未確認の映画」という五区分がなされている。この説明ですでにこの本の内容があらかた見当がつくだろう。本書はつまり、およそ四百件ほどの映画が集約されているということである。

「第Ⅱ部　図書館映画解説」とは、著者が見た二十八件の映画について梗概や見所を述べたもの。「第Ⅲ部　図書館映画分析」とは、映画に登場する場面を十のタイプ別にリストアップしたものである。①主役準主役が図書館員　②利用者との会話があるもの　③貸出記録に関わるもの　④新聞を利用するもの　⑤特定主題の資料を利用するもの　⑥図書館が出会いの場　⑦大声や騒音が注意される　⑧緑のライトが登場　⑨各種各国の図書館が登場　⑩美術館博物館が登場――という区分なのだが、私は世の中には図書館が出会いの場になる小説が割りに多いなあと思っていたところなので、映画でもやはりそうなのかと思った。ということは現実にこの事例は多いのかもしれない。それと、図書館では大声や喧騒が見られれば注意されることが多いわけだが、そんな話が映画になっていることもしばしばなのかと驚き、ちょっと愉快な気さえしたのだった。

「第Ⅳ部　図書館を観る映画」とは、図書館の建物や内部を観るという映画を集めたものである。これも百数十件ある。「第Ⅴ部　図書館映画の文献」は、いずれも著者既見のみということだが、図書館映画文献と映画の本図書目録が収められている。以上こんなにたくさん図書館の話や情景が出てくる映画の話題を集め、それぞれがどういう形で図書館を表現しているか分析的に見るのでは、映画を観ること自体がシンドイのではないかとこの著者のために同情しかかったのであるが、文献によると、「図書館映画の楽しみ方」(『鐘―一橋大学図書館報』三五号)というのを自身で書いておられるのを見て、私は余計なことを思ったものとホッとしたことである。これは文献目録のごとくであるから、まじめそうな形になっているが、本当は著者がエッセイにでも展開してくれればよいのではないか。それにしても、この要領で書籍の中の現われる図書館というのを小説、それ以外のものも含めて行なえば、本書よりははるかに膨大な作業を要するであろう。

高年人村のミニ図書館群

ある県のある地域に「高年人村」というのがある。大半の住人が六十代、七十代、八十代である。百歳に達した人もいると思う。私はこの村の風景や人々の雰囲気が気に入って、数年前からここに住みついた。

この村の長所はまず図書館がやたら充実していることだ。村の中心部に村立中央図書館がある。そこらの市立図書館では太刀打ちできぬ充実ぶりである。しかも村の中では至るところにミニ分館が存在している。ほとんど三、四百メートル行かないうちに、次の分館が見つかる。隣合わせに並んでいるところさえある。どうしてそんな近いところに、とケチな人は考えるかもしれないが、この村の分館は個性中心にできているから、おたがい隣の分館とは内容的に全然違ったものなのである。分館の姿はマンションの一室、一戸建ての民家、店舗街の一角、駅前の広場の中、運動公園の傍などなどに様々な形で存在する。図書館として建てたものは少なく、ボランティアから提供を受けたものが多いから、姿はいろいろである。土地も然り、広大な敷地に建ったものもあり、別に土地つきでないものもある。しかし、いずれも図書館がここにあるという目印は街角などにキチンと目立つように出ている。フクロウをかたどったかわいい統一デザインで、ちょうど交番や郵便局がそれなりのマークや標識で示されるように、このフクロウ看板で、この村の図書館、そしてこれらミニ分館の所在が明快に示されている。

私はある日、中央図書館長にこの件で取材したことがある。本賀好太郎という白髪の館長は、このミニ図書館の構想を、アメリカの飲料会社のコマーシャルからヒントとして得たという話をしてくれた。

「ホラ、あるでしょう。〝いつでもどこでも〟っていうやつ。そうだ、本をいつでもどこでも手にすることができるように、村じゅうに図書館をつくろうと考えたのです。私は村のいろいろな人を口説きました。図書館になりそうな器、つまり家を提供して下さる人、資金や蔵書を提供して下さる人、そして館の運営をやって下さる人、などです」

「すぐにそういう人は集まりましたか」

「最初に村の博物館友の会の会長さんがのって下さいました。郷土作家、旅行作家として有名な方です。長い間、この分野で活躍してこられたのですが、さすがにこの頃はご自分の蔵書の行方ということを考えられるようになられたのですね。この方は、マンション住まいでしたが、階下にもう一軒自宅を持っておられ、それがまるまる書斎だったのですが、これをそのまま郷土研究図書館として提供されました。管理人、いや館長さんがすぐ階上におられますし、蔵書は質量ともにすばらしいもので、いわば、理想的な、典型的なミニ分館になったのですよ」

「なるほど、そして蔵書も散逸させずにそのまま村民のお役に立ったのですね」

こうしてこれを皮切りにいろいろなミニ分館が

できていったのだという。今は何十もの図書館ミニ分館がある。談話ミニ分館、健康ミニ分館、執筆ミニ分館、運動ミニ分館、喫茶、音楽、バー、色もの、……などができているそうだ。

「何ですか。バーつき、というのは」

「これはご想像の通り、飲兵衛さん向きのものですな。都会のスタンドバーなんかで、水割りなどチビリチビリやりながら、文庫本でも読んでいる人があるでしょう。ここの分館長さんは、自分が好きなもんで、バー風の部屋をしつらえて、そういうものにしたのです。バーテン兼館長ですよ、この人は」

「あ、この案内書によると、ドイツ・フランス図書館というのがありますね」

「ええ、その館長は商社に在職中、ヨーロッパに長くいて、あの辺りがとても好きになったというのです。そこで、定年退職後はドイツ・フランスにしぼって資料を集めたというわけです」

「何です？　この色もの……分館というのは」

「ハッハッハア、これが好きな人も世間には少なくありません」と中央図書館長は左手の小指をかざした。「しかし、興味本位ではなく、色っぽいことも実は社会学的、風俗論的に研究テーマになるのです。そういう文献をしっかり集めて、ということですな」

館長の説明は際限なかった。とにかく様々な変わったミニ図書館の設立希望者は多いそうだ。資料を図書館的見地から吟味し、諸条件が揃えば、どんどんミニ図書館をつくっていく。私はこの村にそれこそ、ずっと住み着いていこうと考えたのだ。

第三章　図書館力上級

――調べごとの達人へ――

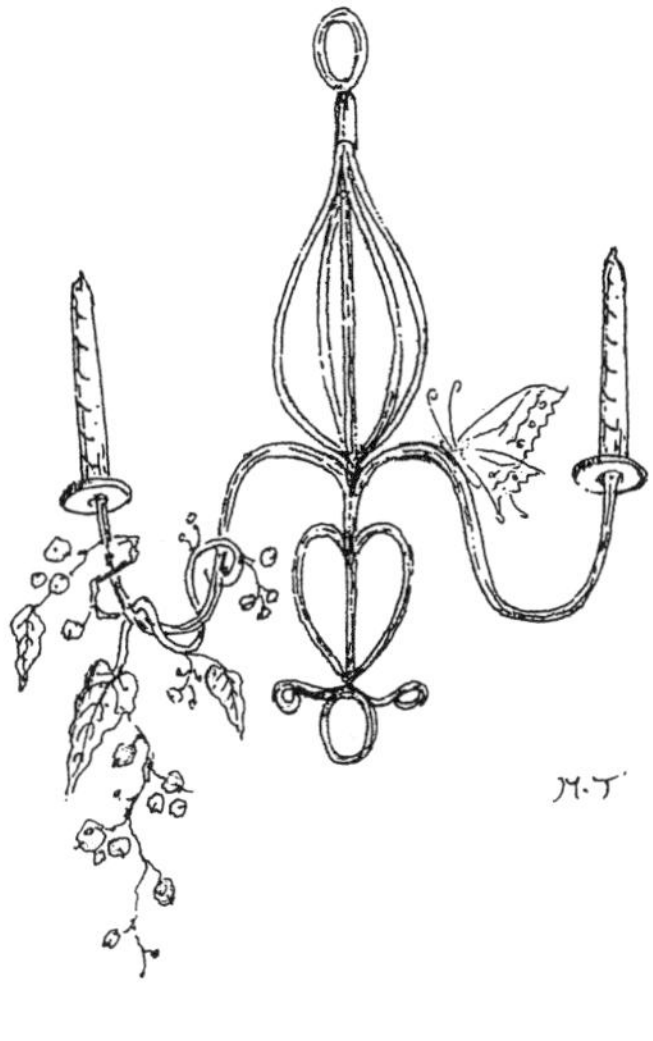

普通の読書までなら最寄りの図書館で用は足りるだろう。日中、仕事や学業で自宅地域の図書館が時間的に使えない場合は、勤務先・学校の所在地の図書館も多分貸出し可能となっているから、そこからでもどんどん借りればいいことだ。休みの日ぐらいは自宅から行ける図書館を使えばよい。また本の内容によっては、いつもの図書館とは違う図書館を用いることが適切である場合もある。国立国会図書館に行くことも覚えなければならない。学校図書館、専門図書館といった異種図書館も使ってみる。また公共図書館といってもそれぞれよい意味で癖がある。だから、調べごと・読書対象などにより、こういう場合はここへ行くのが適切であるという認識が必要である。これらはインターネットで種々検索をすることができる。国会図書館の本がどういう記号番号で（館内）貸出しできるのかは、予め家にいてパソコンで調べることもできる。

こうして様々な状況、様々な自分の必要な場面に従っていろいろな図書館を使いこなすことができるようになったら、あなたは「図書館力上級」を授かることになる。

いわゆる研究者、あるいは自分で何かテーマを抱いて研究生活とでもいうべき生き方をしている人は、ぜひ「上級」の力を持っていてほしい。そうでなければ研究そのものに支障があるだろう。

16　司書側の準備

図書館司書の重要な仕事にレファレンスということがある。利用者側からいえば、図書館の人にちょっと聞いてみるということだ。利用者は図書館の人に聞くということに最初は抵抗があるという人も少なくない。これこれの分野の本はどの辺りですか、というくらいは簡単なことだが、何々という本はどこにありますかね、ということになると実際にその本を探す作業になる。そこの図書館にあるものだろうか、それが貸し出されていないか、ということで所在を探さなければならない。書架に見つからなければ、パソコンで所在を調べることになろう。さらに、何々のことについて調べたいのですがということになると、即答は多分できないだろう。答える方は席に坐って何分かかけて答を示さなければならない。

これらの質問をしようにも、館員がそんな簡単なことをと馬鹿にするかもしれない、と心配する人もある。逆に、ある程度自分の専攻の分野あるいは自分のやっている部分の話なのに、自分が見つからないことを館員が分かってくれるだろうかという懸念を感じている人もあるだろう。どちらにしても、なるべくなら自分で探したいと考える人が大半で、まずはその分野のものがありそうな書架の辺りへ行って、ぐるぐる廻って見て、探すというのが普通の行動であろう。

しかし、やはり司書は探すことについてベテランなのだ。調べ方について訓練を受けている。だから利用者は、分からないことは聞いた方が早いのである。司書側は予めあらゆることについて聞かれた場合の参考書の所在や使い方などを勉強しているのだ。レファレンスに関する参考書などはたくさんある。一つだけでも見てみよう。例えば、田沢恭二編著『新　現代図書館学講座6　レファレンスサービス演習』（東京書籍　一九九八）を見る。

これによると、図書館に寄せられる質問というのは、次のようなことがあるという。

（1）文字・言語情報源によって回答できる質問
（2）事物・時事情報源によって回答できる質問
（3）人物・団体情報源によって回答できる質問
（4）地理・地名情報源によって回答できる質問
（5）図書・叢書情報源によって回答できる質問
（6）逐次刊行物情報源によって回答できる質問

という区分である。なるほど聞く側でいろいろ考えることも、こうして区分してみることができるというのだ。

（1）文字・言語情報源によって回答できる質問とは、①文字やことばの読み方　②文字やことばの書き表し方　③文字やことばの意味　④文字やことばの起源（字源、語源）　⑤文字やことばの同義語・反義語　⑥文字やことばの出典　⑦文字やことばの用例　などがある。そしてこれに関する主要情報源として、①国語辞典　②漢和辞典　③難解語辞典　④古語辞典　⑤新語辞典　⑥外来語辞典　⑦方言辞典　⑧隠語・俗語辞典　⑨語源辞典　⑩発音・アクセント辞典　⑪同義語・類語辞典　⑫反対語・対照語辞典　⑬故事・ことわざ・熟語辞典　⑭略語辞典　⑮英語辞典　⑯索引類（語句・詩歌）　これらのそれぞれに実際の辞書多数が紹介されている。利用者は、なるほどこういう参考図書を使えば自分でもある程度調べることができそうだ、ということになる。「瑞典《スエーデン》」「芬蘭《フィンランド》」などの読みを調べるには、こういう辞書で容易に見つけることができるだろう。

（2）事物・時事情報源によって回答できる質問とは、①事物　②現象・事件　などと分けられる。これらについての主要情報源には次のようなものがある。①百科事典　②専門事典・便覧・ハンドブック　③図鑑・図説　④年表　⑤一般年鑑　⑥専門年鑑　⑦日本の地域年鑑　⑧統計年鑑・統計集　⑨新聞縮刷版・新聞ＣＤ－ＲＯＭ版　など。

（百科事典や年鑑などは誰も最初に考える資料だが、ちょっと時期的にホットな単語を調べようとすると、まだ今年度の年鑑類には載っていないということがしばしばある。言葉が新しく発生して、あるいは使われるようになって何年かたたなければ辞書・事典、年鑑類の本に載らないのだから当然であるが、実際には「だからこんなものは、役に立たたないんだ」とイライラするもとになってしまう。一方、戦前のこと、もっと古い事項を調べようとすると、それは古い辞書・事典の方が出ている可能性がある。事典類は一定の厚さを維持しようとするから、使われなくなった言葉は改版時にどんどん捨てられていくのである。古い百科事典もそういう意味で図書館は保存していて貰わなければならない。）

（3）人物・団体情報源によって回答できる質問に答える主要情報源には次のようなものがある。①人物を調べるトゥール（どの人名事典に出ているかなどについて調べるトゥール、一般的な人名事典、特定分野に限定された人名調査事典トゥール、時代別人物関連調査トゥール、現代に活躍している人物を調べるトゥール、特定の外国に関する人名調査トゥール、人名に関する特殊なトゥール、人物を調べる電子メディア）②団体を調べるおもなトゥール（団体を調べる一般的なトゥール、図書館などについて調べるトゥール、学術研究機関を調べるトゥール、特定分野の機関・団体を調べるトゥール）

（この分野についても前項と同じ問題がある。古い事項は新しい事典ではどんどん切り捨てられるから、事典類は刊行の時期を確認しなければならない。）

（4）地理・地名情報源によって回答できる質問の主要情報源には次のようなものがある。①地理学辞典など　②地名事典など　③地名語源辞典　④難読地名辞典　⑤宛字辞典　⑥名数辞典　⑦地名索引　⑧地図　⑨テーマ別地図　⑩国別百科事典　⑪都道府県別百科事典　⑫地理学文献目録　⑬地理学シリーズ　⑭統計書など　⑮特定分野の参考図書　⑯観光案内書などの観光・交通に関するトゥール

（5）図書・叢書情報源によって回答できる質問にはどんなものがあるかというと、①古典　②戦前までの出版物　③戦後の出版物　④最近の出版物　⑤参考図書　⑥図書の内容　⑦全集叢書　⑧翻訳　⑨書誌・索引類　⑩特定主題の図書　⑪外国図書　これらのそれぞれに関する質問があり得るという。戦後のものは調べやすいが、古いものはどこにあるか調べるのは難しい。しかし、古典では『国書総目録』、戦前のものでは『帝国図書館和漢図書書名目録』などを見れば、案外所在までも分かってしまい、便利なものだと感心させられる。

（6）逐次刊行物情報源によって回答できる質問とは、新聞・雑誌・年鑑・年報・官報・学術機関誌・紀要・会議録・調査報告書・モノグラフシリーズなどを用いる場合のことである。主要情報源としては、書誌データ・目次・所在・雑誌記事・新聞記事・特定主題などについてそ

れぞれの方法がある。

以上のような話は、これを読んでみてもおもしろくはないだろう。それよりも図書館へ行って、参考図書室なるものに入ってみる方がよい。そうすると、「参考図書」というものの概念がいっぺんに分かり、こういうものを使ってできるレファレンスと、ちょっとこれは違うな、という感じがする質問もあるなあと認識される場合があるのである。

「レファレンスサービスの演習」などという司書教育のテキストや参考書を見ると、問題としていろいろな質問例が並べられていておもしろい。――・「フランスデモ」とはどのようなデモか、日本ではじめて行われたのいつか。・「影の内閣」とはなんのことか。いつごろから始まった制度なのか。・「松宮寒骨」の俳句を読みたいが、何かの本に収録されているか、などなど、質問は無限にある。知っている人には何でもないが、初めて聞く言葉だとやはり、一から調べなければならないのである。とにかく質問があったら、司書さんに聞いてみよう。

17　調べることのトレーニング

『正論』（産経新聞社）という雑誌の巻末には、中高年者が興味深く読んでいる読者投稿欄がある。それは、こういうことが知りたいという読者の質問が投ぜられると、それについて知っている読者が回答を寄せて来るもので、ある意味で読者交流の場にもなっている。質問は何でもいいというわけではなく、この雑誌の性格上そうなったのだろうが、例えば戦時中・戦前などに自分が歌った軍歌やわらべ歌などを、今は中途半端にしか覚えていないが正確な歌詞を知りたいなどというのが多いのである。

実例を挙げると、昭和十年代の北海道で役場に勤めていた姉が聞き歌っていた警察官の歌を知りたいという質問がある。部分では「夜は深々草木も眠る　暗い小路に犬の声……」というくだりを覚えているが、と質問者は加えている（七十九歳の人から）。すると、――それは戦前から警察練習所で歌われていた「平和の戦士」です、元警察幹部が役場に勤めることが多かったので、お姉さんが聞き覚えたのでしょう、歌詞の全文はこれこれです。ただし別の著書からすると、これは「警察小唄」というのが正しいようです、云々。というようなやりとりになる。（『正論』平成十七年三月号による）

この質問・回答欄を見ていると、私は自分の子どもの頃の記憶から、うろ覚えながら、ああこの歌は自分も歌ったことがあるなあ、などということがよくあって、とても懐かしい。なかには、アッ、これは面白い、この問題ならちょっと調べれば正しい答えは見つかるはずという場合には少し時間をかけて実際に調べてみて、いくつか当誌に回答を試みたこともある。

それはあたかも図書館のレファレンスに似た作業である。そのいくつかの話をここに書いてみたい。実はこれには図書館の世話になったケースと、まったく別のルートで回答を仕上げた例がある。まず、こういう質問があった。——戦後間もない頃、日教組が「君が代」に代わる新国歌とでもいうべきものを広めようとしたが、結局定着することはなかったと聞くが、実際そういうものがあったのか、それはどういう歌詞だったのか。——というのである。

私もこれは聞いた覚えがなかった。興味を感じたテーマだが、ちょっと手の着けようがない。そこでいきなり国立国会図書館の総合案内で聞いた。するとOPACを使って、『日教組十年史』(一九五八年)を検索してくれた。「これにありそうですよ」なるほど、これを借り出して、この話に関する的確な記述を見つけた。私はこれを用いて「回答」を書き、それが『正論』平成十七年一月号に掲載されている。まず同書(すなわち私の回答文)の引用から。


(前略)日教組は、このようなところから、『君が代』反対運動を新国民歌制定運動として展開し、その具体的事業として、総評後援のもとに国民歌の募集を行った。そして、その結果、一九五一年十二月二十七日「平和憲法の主旨を明確に表現し国民の一人一人が愛唱出来る明朗平易なもの」（歌詞）「歌詞の主旨を十分に表現し、集会、行進等に適するもの」（歌曲）として『緑の山河』（東京都中央区京華小学校教諭原泰子作詞）を新国民歌として決定した。（七〇五頁）

私にとって、この後の作業があった。右の文章でうまく年代は見つけられたが、肝心の歌詞の原文が出ていないのである。そこでさらに「日教組」で検索をしていくと、当時の日教組の仔細な動きを見るには『日教組教育新聞』という週刊新聞があることが分かった。これで先の年月あたりを全文読み込んでいくと、あったあった、昭和二十六年八月十五日号に「国民歌を募集――朝日新聞主催・日教組後援で」という記事である。さらに二十七年一月十一日号では、ついに「国民歌きまる」とあり、「緑の山河」全歌詞が出ていた。「戦争《たたかい》超えてたちあがる……」というもので、その選評もあったが、二万余の応募があったにも関わらず良いものがなかったとして、選者の失望感も表われていた。これでは普及どころではない。結局その質問にもあったように、うやむやでこの企画は埋もれてしまったのであった。

このようなものを探す場合は、ある程度専門的な雑誌・新聞類のバックナンバーをふんだんに読めるところでなければならず、それは国会図書館などでなければ困難だろう。

なおこの事例の周辺の雰囲気を知るには別途、手頃な文献がある。繁下和雄監修『新聞集成日の丸・君が代』（大空社）というのを見ると、これに収録されている新聞記事などには昭和二十年代の騒然とした雰囲気の中に、君が代に代わる国民歌などをつくろうという気持がある程度あったようだ。しかし、これは実現しなかったのである、という状況がさらに分かってくる。

右のように図書館を十分利用させて貰った例もあるが、また偶然に近い、個人的な知見で答えに行き着く場合もある。『正論』平成十六年二月号に私が「回答」を寄せた次の話を書いておこう。

前号で、――「マレーの虎といわれた山下奉文大将が戦後に残した女子教育論を知りたい、というのがあった。私の回答の一部を転記する。

山下奉文大将の女子教育論は刑執行に立ち会った森田教誨師が聞き取り書き残した、大将の日本国民に宛てた遺言というべきものです。

その全文は『山下奉文の追憶（三十年祭に際して）』（昭和五十一年二月二十三日、山下九三夫刊）に掲載されています（約七千字のもの、本文省略）。（後略）

この文章が掲載されているのは、「一方会」といういわゆる戦友会の発行物で、これを見なければ他にこの件についての原資料に近いものを見ることはできないと思われる。たまたま私がこの家族会員であったことから入手し得たものなのである。

もう一つ、図書館の資料とその他の資料を混用して結論に近づいた例を述べよう。『正論』平成十七年三月号に、米軍軍人の挙手の礼の話があった。あのテレビ画面で国民が何度も見せられたジェンキンス氏の姿である。平成十六年九月十一日米軍のキャンプ座間に出頭した時、彼は私服無帽の姿のまま挙手の礼をした。これは正しい敬礼の形なのか、という質問が出たのだが、翌月号には、米軍の法として、これでいいのだとある人が回答を寄せられていた。

私は奇異に思った。挙手の礼というのは制服制帽が前提であるはずだ。旧日本軍や米軍の礼法を調べなければならない。世界中の常識ではなかろうか。しかしこれも、取っ掛かりが難しいのでまた国会図書館の総合案内に訪ねてみた。だが若い係の人はキョトンとしている。私は挙手の礼をやってみせて、こういう礼法について日本の旧陸海軍の当時の規定で調べてみたいのだがと問うた。結局それは「議会官庁資料室」に行ってみてほしいということになった。ここで「昭和年間法令全書」を教えられ、昭和十五年一月二十五日のまず「陸軍礼式令」を見ることができた。全一六九条の体系である。法規は前提などを先に見ておかなければならない。そも、陸軍軍人とは何か。

第二条　軍人ト称スルハ陸軍ノ制服ヲ着用シタル将校、准士官、下士官、兵及生徒ヲ謂フ

というところから始められなければならない。「第二十条　室内ノ敬礼」は「脱帽シテ行フ」。室外では「挙手注目ノ礼」が行われるのだが、問題はここで、仔細な定めがある。これは

第二十七条　挙手注目ノ敬礼ハ姿勢ヲ正シ右手（傷痍疾病ニ依リ右手ヲ使用シ得ザル者ハ左手）ヲ挙ゲ其ノ指ヲ接シテ食指ト中指トヲ帽ノ庇ノ右（左）側（庇ナキ帽ニ在リテハ其ノ相当位置）ニ当テ掌ヲヤヤ外方ニ向ケテ肘ヲ肩ノ方向ニテ略々其レニ斉シクシ頭ヲ向ケテ受礼者ノ眼若ハ敬礼スベキモノニ注目ス

ということになる。食指とは、「人差し指」のことである。

旧海軍については「法令全書」第三巻の三で「海軍礼式令」（大正三年二月十日）を見る。その第二十五条は次の通り。

第二十五条　室内ノ敬礼ハ先ツ室外ニ於テ脱帽シ室内ニ入リ受礼者又ハ敬礼ヲ受クヘキモノニ対シテ停止正面シ姿勢ヲ正シテ受礼者ノ目又ハ敬礼ヲ受クヘキモノニ注目シ体ノ上部ヲ約十五度前ニ傾ケ頭ヲ正シク上体ノ方向ニ保ツヘシ（後略）

これがいわゆる無帽の時の敬礼である。日本ではお辞儀があるので、無帽の場合はこれが取り入れられたのだろう。海軍でも室外では当然、「挙手注目」の礼である。陸軍と文言は違うが詳述の度合いは同じ。

さて戦前・戦後通してわが国に存在する警察官の世界はどうであろうか。昭和二十九年八月二日の「警察礼式」を見た。三十六条から成るものである。

第十四条（敬礼の方法）　室内の敬礼は、受礼者に向って姿勢を正し、注目した後、体の上部を約十五度前に傾け、頭を正しく上体の方向に保って行う。（後略）

第二十一条（敬礼の要領）　挙手注目の敬礼は、受礼者に向って姿勢を正し、右手を上げ、指を接して伸ばし、ひとさし指と中指とを帽子の前ひさしの右端（制帽を着用している婦人警察官にあっては、つばの前部の右端）に当て、たなごころを少し外方に向け、ひじを肩の方向にほぼその高さに上げ、受礼者に注目して行う。（後略）

さすが戦後の文章となり、少し分かりやすくなった。では自衛隊はどうか。「自衛隊の礼式に関する訓令」（昭和三十九年五月八日）の第二章「敬礼」を見る。ここではもっと分かりやすい。「着帽時の敬礼」は「挙手の礼を行う」が、それは「右手をあげて手のひらを左下方に向け、人さし指を帽のひさしの右斜め前部にあてて行う」とある。そして「脱帽時の敬礼」は「（天皇に対しては）四十五度の敬礼、（その他に対しては）十度の敬礼」を行うのである。

私たちは子どもの頃、戦前の記憶があるが、陸軍は腕を真横に行かせるが、海軍軍人は腕が四十五度ほど前に来る。艦船内は狭いのでこういう敬礼になるのだと聞いた。このことを最近、旧海軍出身者に聞いてみたのだが、これを標準の形として教えられ、現場では例えば潜水艦などでは艦内の狭さに応じてほとんど体の真ん前で挙手することになるのだ、ということであった。

さて、長々とわが国の制服職業の人々について図書館で調べてみたのだが、ジェンキンス氏の米軍ではどうなのだろうということが本論である。(『正論』二〇〇五年四月号に掲載)私は米国文献を探索する繁を避けて米国大使館に聞いてみると、横田基地を紹介してくれた。電話では女性広報官が出て来て、私が趣旨を説明すると、果してそのようなことはあり得ないということであった。無帽の場合はどうかと聞いたが、予想通り日本のように上体を傾けるお辞儀のようなものはない。注視するのみ、ということであった。先の回答者がジェンキンス氏のものでよいといわれたのは、制服無帽の場合を見誤ったのではないだろうか(この件は次号でまた他の人が別の意見を述べていた。その人が米軍に聞いたところでは、無帽でも挙手の礼を行うというのである。日本での場合については文献で捕らえたことだから、私は自信を持って答えられたが、やはり外国の例は根拠が完全ではなかったようである)。

18　図書館サービスの評価

いつも通っている図書館は、マアだいたい満足だということで人は利用しているのだろう。

しかしその人が転居でもして、もっと充実した図書館のある地域に行った場合は、ああ、ここはすばらしい図書館だなあ、前の所なんかあれは何だったのだろうと感ずることはあり得る話である。つまり満足度というものはすこぶる主観的なもので、よりよいところを知らなければ、これでいいと思ってしまうものなのだ。それは誰でも分かる原理だから、「図書館についての満足度」の評価はよく考えてみなければならない。それはある程度は計数的に実行できる。よく行なわれている調査では、単位人口数当たりの蔵書数なり、単位期間中の貸出数なりその他いろいろな数字が用意される。

だがこれらの数字というのは、ちょっと考えればすぐに不適当な点があることに気づく。例えば、図書館の蔵書数は多いにこしたことはない。本が多いほど利用者の探している本が見つかる可能性は高いだろう。しかし問題はその内容である。極論的にいうと、急いで図書館をつくって蔵書を早く揃えなければまずいとかの要請から、つまらない本、例えば低俗な安物の本でも何でも急いでワーッと買い集めた蔵書であるとすれば、それは然るべき本を探している利用者には無駄な捜索の時間を取るだけで、かえって始末が悪い。本を寄贈するという人があって、それらを無批判にただ受け入れてもそういうことは起こり得る。さらに期間が長くたって、図書館蔵書としては内容が古くなった本、ほとんどもう利用する人もなくなった本などを廃棄せずに数のうちに入れてあるとすれば、これも蔵書数に入ったままとなる。だから蔵書の数だけでは、ほんとうは質的なものは無視されていて、あまり議論としては適当なこととはいえない。本当なら使い勝手のよい少数精鋭の蔵書がいいのだ。しかし誰がどんな本を利用するか分からないので、やはり少数の蔵書では困るのである。

図書館の蔵書利用のパターンを調べてみると、少数の資料が利用全体の大部分を占め、資料の大部分はごく僅かしか利用されていないという。学術書の多い大学図書館などではこれが著しく感じられることだろう。過去に一度も誰にも読まれた形跡のない本がある。でもそれがいつか使われることがあるかもしれない、としてその本は書架に居続けるだろう。しかし現実には、利用されずにいる期間が長いほど今後も利用される可能性は低いと考えるのが一般である。（ランカスター『図書館サービスの評価』中村倫子・三輪真木子共訳　丸善　一九九一年　二二ページ　参照）

貸出し回数の多い本は役に立ったと考えるのが普通だ。これは統計上も数字に乗りやすい。では館内で利用されている本はどうなのだろうか。というと、これは数字になりにくく、捕捉し難いだろう。一般には貸出数の多い本は館内利用も多いとされているようだ。でもそれがどうして分かるのだろう、という疑問もあり得る。上記の参考書にも述べられていることだが、本を書架からちょっと抜いてチラリと見てすぐ書架に戻す、これはその本を利用したということになるのだろうか。もっともそういうなら、本を借り出したという人だって、しっかりその本を利用したかどうかは分からない、借りただけかもしれないじゃないか。

さて、「利用」の厳密な意味を追求したい。

図書館内でどの文献が、あるいはどのような種類の文献が利用されているのかを知る最も簡単な方法は、閲覧席に残された資料を確認することであり、この方法はよく用いられている。ある一定期間（ピッツバーグ大学での研究では、三〇週間にわたって週一回の計三〇日）、毎日定期的に（たとえば、午前一〇時、午後二時、午後七時、午後一〇時に）閲覧室に放置されている資料を集め、記録をとった後に書架に戻す。この方法を用いて可能な限り正確にすべての館内利用状況を記録するためには、図書館は〝協力キャンペーン〟を実施すべきである。利用済みの資料を元の場所に戻さないようにというサインを、図書館の目立つ場所に貼り出す。（後略）（前著六四ページ）

こういう調査でもそれが絶対に完全とはいえないのだが、それなりの結果は出せるだろう。

以上はいきなり蔵書の問題について触れたのだが、図書館全体についてのサービスについていろいろ考えてみることが必要である。その手がかりとして、思いつくままではあるが、掲げてみよう。

（1）図書館の所在は分かりやすいか。まず市内地図においてどこに図書館があるかが分かりやすく表示されているか。また一般の人々に、例えば最寄駅からそこへの行き方の表示が適切になされているか。

（2）図書館の入口は人々に入りやすい雰囲気を与えているか。入ってすぐ、次はどうすればよいかが分かりやすく表示されているか。

（3）館内はどういう構造になっており、どこへ行けば何があるかが分かりやすく表示されているか。

（4）図書館がいつ（月日・曜日・祭日・時間など）開かれているか、いつ開かれていないかが分かりやすく表示されているか。

（5）（3）と（4）での状況で求めるものがすぐに見つけられない時、聞ける人が近くにいるか。

（6）高齢者、身体障害者などにあっても（3）と（4）の状況がすぐ認識されるようになっているか。

(7) 蔵書配置、閲覧室区分(幼児、ヤングアダルト、社会人、研究者、その他など)、その他の室などに行ける方法が分かりやすく表示されているか。

(8) 図書館員が、親しみやすい態度で入館者に接しているか。

(9) コンピュータ端末で、諸案内や蔵書のチェックができるようになっているか。またその操作の方法が分かりやすく表示されているか。指導してくれる人に尋ねられるようになっているか。

(10) 館内はあらゆる入館者に安全な状態が維持されているか。いざという時の危機管理態勢は適切か。危機の場合の対応について入館者に分かるような表示がされているか。

(11) 入館者に配布する図書館利用案内チラシが分かりやすくつくられ、誰でもが持ち帰れるように置かれているか。

(12) 資料(図書・雑誌・新聞・その他)は書架にキチンと整理された状態で置かれているか。

(13) 資料の分類とその表示は適切になされているか。

(14) 閲覧室その他の机・椅子などの質と量は適切か。

(15) 館内の静粛性は保たれているか。

(16) 貸出・返却の事務がスムーズに行なわれているか。
(17) 館内のコピー設備その他はいつも適切に機能しているか。
(18) 館内の照明・換気・温度調節などは適切であるか。
(19) レファレンスは適切に応答されているか。
(20) 本の予約・新規購入希望などは適切に受け入れられているか。
(21) 来館者用の駐車場・駐輪場は位置・スペースなど適切に用意されているか。
(22) 図書館は適切なイベントなどを随時行なって市民・図書館利用者へのサービスを行なっているか。
(23) 図書館友の会または図書館ボランティアなどの組織を周辺に持って、市民の生涯教育に貢献しているか。また図書館運営についての意見を吸収しているか。
(24) 館内に休憩室、談話室、喫茶室、レストラン風の施設がおかれて、読書に疲れた利用者が休めるようになっているか。

こうした分析的なチェックが総合化されてはじめて、図書館の利用者は図書館について館の印象が固まってくるに違いない。

19　自分史や社史は置かないのか

前にちょっと触れたことだが、いわゆる「灰色文献」という言葉がある。（『広辞苑』第四版などには載っていない。）『図書館情報学用語辞典』にはこう書いてある。「書誌コントロールがなされず、流通の体制が整っていないために、刊行や所在の確認、入手が困難な資料。政府や地方自治体などの審議会資料および報告書、テクニカルレポート、プレプリント、会議資料、学位論文などの中には灰色文献と呼べるものが多い。」そうすると自分史や社史など自費出版的な書籍も、形は大きいがこれに入ると言ってよいのだろう。

図書館は無料貸本屋になるな、という議論がある。ベストセラーの文学書など皆が読みたがる本はドンドン何冊も入れて、ウチはたくさん利用者があります、貸出率もとても高いです、といって喜んでいてはいけないというのだろう。そこでもっと専門図書など高度の蔵書を持て、参考図書に力を入れよ、などという議論になってくるのだが、一般の図書館はやはりいろいろな利用者の希望がたくさんあるのだからどこに焦点を合わせるのかは極めて難しい。

それにしても普通には買えない本を独特のルートを得て集めてほしいという要望は意味のあることだ。その一つとしてとりあえず言ってみたいのは、「自分史」や「社史」類についてである。これらを積極的に集め備えている図書館は極めて少ない。自分史などは価値が少ない、というのがまず一つの理由らしい。限りある書架の収容スペースに、そんなおもしろくもなく、利用者も少ない私的な出版物なんか集めてはおられないというのだろうが、しかし自分史もどこかに有意義なところを持っている場合は必ずあるのだ。そんなことを言えば、一般の本だって選書を誤ればつまらない本だって入れてしまうではないか。まあ妥協して、せめて当該図書館の地域の方々が書いた自分史だけでも公共図書館として収集しておいてはいかがなものであろう。

自分史は確かに名もなき庶民の自費出版であることがほとんどで、内容は個人的な話であり、公的な話題でないから、そういう意味で社会的に有用性が低いかも知れない。それに反して公人と目される人の生涯が語られている場合は、「自叙伝」または「自伝」と銘打って書店から有料で販売されている。普通の本である。こちらは話題に一般性があり、内容に値打ちがあるというようである。作家あたりの自叙伝は最初からおもしろい。否、作家では小説といっても処女作などは、ほとんど自伝的なものを虚構で覆ったものが多いだろう。こういうものは文学的に興味深いし、読んでおもしろいから金になる。商業出版になじむ。そういう意味では、たしかに「自分史」は他人が読んでおもしろいと言えるものが少なく、したがって金にならない。

だが見知らぬ他人の自分史といっても、その中には読んでみる自分と何らかの接点を見つけることができるものもある。例えば地域的に自分の知っている所、郷里や住んでいたところの話が書かれていれば関心が持てる。また時代的に著者と自分が近い人であれば、ああ、この人も戦争中は私と同じようなことを考えていたのだなあ、とその人の生き様を身近に味わうこともできる。実例を挙げよう。私も、地域の図書館に寄贈されていて、そこで手にした本があった。松濤薫『北満旅館の怪』（そうぶん社出版　二〇〇一）という私家版のものである。サブタイトル「動乱の満州に生きた一日本人の記録」という文字を見れば、小学校を彼の地に過したことのある私はすぐさま手に取って見ることになる。表題も何が書かれているのかと興味を惹く。……昭和七年、著者の父君鵜飼敏文氏は建国一周年を迎えたばかりの旧「満洲国」（現中国・東北部）に視察旅行に出て、当時の「満洲国」首府新京（現長春）で「北満旅館」に宿泊した。氏の休む二階五号室に毎夜人のうごめく気配がする。女中に聴けば以前心中事件があったとのこと。そんな話の書き出しだが、満州国高級官吏の父と娘の著者はながらく満州に住む。戦後の満州の生活に苦難を重ねた思い出話などは、読者としての私の胸を打つ部分も多い。私も戦後の満州からの引揚者だからである。私には見知らぬ人であった松濤薫さんの「自分史」が、たいへん興味深い読物となったのである。自分史をおもしろく読む一つの方法は、著者と読者の間に何か共通点を見つけることだ。

あらためてここで紹介しておきたいのは、ある図書館人の自叙伝ないし自分史である。図書館人の自伝というのは、他の業界からすればなぜか少ないように思う。私が読んだのは加藤宗厚著『最後の国立図書館長』（公論社、一九七六）である。この加藤宗厚氏（一八九五～一九八一）という人は愛知県の農家に生まれたが、長崎県の禅寺に在った叔父に引き取られた。家には教科書以外何の本もなく、小学校三年終了の時優等賞として「小川未明の童話集」を貰ったのが唯一の読み物であった。「その私が二十年後には上野の図書館に採用され、更に二十五年後には、百万冊の蔵書を持つ国立図書館長になったことは摩訶不思議という外はない。」というのが著者の一応の人生のくくりである。前半の職業生活はほとんど小学校教員であった。駒沢大学卒業後文部省図書館教習所（当時）で学ぶが、わが国の初期の図書館事情が具体的に書かれていて、まことに興味深い。氏は「図書分類法」に強い興味を抱くが、「難解のようであるが如何にも理論的原則が有りそうであり、その理論は新しい佛教研究の方法論の基礎になりそうに思えたからである。」などというのは非凡な感想だ。大正十四年三月帝国図書館のパートタイムの嘱託に採用される。和漢書の件名目録の編成が仕事であった。

私はこのような件名目録をつくる作業を満十五年間、一度も配置転換もなく続けた。「そんな面白く無さそうな仕事をよくあきなかったね」といわれるかも知れぬが、面白くないどころか私にとっては三度の食事よりも興味があった。当時上野では和漢書は年間約九千二百冊、月平均八百冊の増加があった。そして一般書、専門書区々《ママ》。これらの図書にひとりで件名を与えるのである。やさしい内容のものは一分の時間も要しないが、内容によっては一冊一日がかりでも件名を与えられないものもある。どんなにむつかしいものでも件名を与えないでは目録は作れないのである。一冊全部を読んで見なければならないものもある。(九五ページ)

このように図書館の仕事に没入していく人もいるのだ。他の叙述にもその姿をすさまじいものと感じるところがある。なお「件名目録という語は分かりにくい言葉ではあるが、『一冊一冊に取りあつかわれている事柄を簡単な語にまとめたもの』のことである。例えば『国史概説』は日本の歴史の概論であるから、この本の件名は『国史』としてもよいが、他の国の歴史と区別するためには件名では『日本史』または『日本—歴史』とした方がはっきりする。」と説明している。

さて次に社史のことである。私は定年前は印刷会社にあって、他社の社史編纂業務支援を行なうという仕事をしていた。一般企業が創立五十周年とか百年という機会に社史を刊行する時、出版社でない普通の会社には社史編纂の仕事に慣れた人はほとんどいないことが多い。そこで効率的に社史編纂業務を進行させるための助言を行ない、あるいは編集制作代行を行なうという仕事が印刷会社に生じたのである。そして私は必然的に社史一般の研究にも関心を強く持っていたのだが、閉口したのは、社史というものに対する世間の認識が極めて薄いことであった。「社史の三なし」という。「著者なし・定価なし・本屋になし」というのである。社史というものは、誰かが当然執筆しているのだが、建前としては会社という抽象的なものが筆を執って書いたという形を取る。だから一般の社史には著者という表現が使われていない場合が多い。しかも自費出版の形をとっているから、定価はつかない。そして出版社からではなく、その刊行会社（どんな業種であっても）が出版し、その会社の従業員や株主や顧客・取引先・銀行・その他僅かながら経営史研究者・ステイクホルダー（利害関係者）などをも含めて、とにかく何らかの意味で当該企業の関係者にのみ、多分無料で配布されることになる。したがって普通の人が一般書店で購入することはできない。実際どこの会社が何時、何年史を刊行するかという情報もどこにも出ないのが普通である（例外的に企業広報として、刊行を発表することはあるが)。

会社は何十年と社会で営業していれば、あらゆる一般の人々は皆お客様である。当社はどういう素性の会社で、どういう経緯で今日まで来たものか、どういう経営理念をもってやってきたか、こういうことを社会に示す責任がある。これが企業が社史を出す一つの意味である。

また、会社は自社社員に教育を施すのが普通であるが、わが社では創業者がいかなるところから業を起こし、どういう伝統があって、今日に至ったかを歴史的に詳細に社員に知らしめるのである。先人たちの苦闘の跡を教え、いかなる時どうやって苦難の道を乗り越えたか、時としてどうして社業が傾いたか、その後どういう方法でこれを回復させ得たのか、こういうことをつぶさに描いておけば、後に続く経営者・社員たちにはたいへん参考になるはずである。そういった記述の中に世人をも納得させる何かがあれば、社史はそのまま対外的にも広報効果が期待できる。こうしたいろいろな効果を望んでいるからこそ、企業は相当の費用を用いて社史を刊行するのである。

社史はまた膨大な資料収集の上に成り立つ作業であり、企業がこれらを残しておく必要というのは、税務上のこと、労務上のことその他訴訟時の記録として欠かすことができないものという認識もある。

ところが世間では社史の効用にはまったく気づかず、分厚い社史をひと目見て、難しそう、おもしろくなさそう、何の役にも立たなさそうと考えるのである。社史に対する揶揄の一例として、新聞マンガにも一度ならず社史の話題が出現した。「社史編さんとかけて」「青函トンネルととく」「その心は？」「歳月かけたわりに利用されない」。マンガは蜘蛛の巣のやたらかかった社史の書棚という図である。（『朝日新聞』一九八五・三・一九　サトウサンペイの「フジ三太郎」）このマンガ家さんはよほど社史がばかばかしく見えるのだろうか。二年後、再び社史を登場させた。……たくさん社史のつまった書棚に蜘蛛の巣がはっている。スラリと背の高いハンサムな「新人類」新入社員は分厚い社史を何冊もドサッと取り出したが、それは読むためでなく事務机の高さを高めるために机の脚の下に積んで、長い足が入りやすくしたのである。「ハジメテダ、ハジメテダ。（社史が）役ニタッタノハジメテダ」と皮肉の声があがる。（『朝日新聞』一九八七・五・二七　サトウサンペイの「フジ三太郎」）

ともあれ、社史は今も年間百数十点は刊行されつつあるだろう。そういうことを含めて社史のあらゆる刊行状況その他は、類書もごく僅かあるが、現在では村橋勝子著『社史の研究』（ダイヤモンド社　二〇〇二）が情報もいちばん新しく、かつもっとも詳しい（これによって他の参考文献も調べればよい）。

では「書誌コントロールのきかない」といわれる社史の目録についてだが、既述のように社史は出版社が発行しないのだから普通の出版目録にはまったく姿を現さず、それは刊行されて数カ月ないし一、二年後頃までに社史がしかるべき図書館に寄贈され、そこが「社史蔵書目録」をつくった時に初めて、世人はそれを見て、あるいはその図書館で現物を見て、当該社史の刊行を知ることになるのが一般である（もっと現実的には、神田あたりの社史専門の古本屋に行くと、新刊ないし旧刊の社史を買うことができる。幸か不幸か貰った社史をすぐ売り飛ばしてしまう人があるので、こんな独特の市場が成り立ち、値段のなかったはずの社史に古書店の店主が適当につけた価格がついて売られているのである）。

今述べたように、社史を意識的に集めている数十館の図書館（専門図書館が多い）は自館の「社史蔵書目録」をつくる場合が多いが、これはあくまでその館のみの蔵書であり、一般的な意味での社史目録としては完全ではない。そこで、そういう個々の「社史蔵書目録」を超えて「社史総合目録」というものが作られている。限りなく完全に近いものとするため、社史の収集に努めている五〇機関の協力を得てそれらの所蔵する社史のカードを元に集大成した日本経営史研究所編『会社史総合目録　増補・改訂版』（発売　丸善出版事業部　一九九六）が今日わが国ではもっとも信頼できるものである。

図書館に関心を持つ者としては、社史を多く所有している図書館がどこにあるかということになる。大学では京都の龍谷大学長尾文庫（社史コレクター長尾隆次氏の蔵書を得て最大規模のものとなった）や東京大学経済学部など、専門図書館としては日本経済団体連合会のレファレンスライブラリーなど、公共図書館としては神奈川県立川崎図書館、国立国会図書館などがトップレベルのものといえる。他にもたくさんあるが、それらは先述の村橋『社史の研究』に詳述されている。

さて社史は単品で読んでもそれなりに有意義なものだが、これを業種ごとにまとめて数冊、数十冊を読むならば、日本の産業史を具体的に読み取れることになる。（業種別にそれぞれの社史の全貌を概説してある本では経営史学会編『日本会社史研究総覧』（文眞堂　一九九六）がある。）あるいは、何冊もの社史を読んで時代別にその叙述を追うのも日本経済の成り行きをフォロウすることになって興味深いのである。例えば昭和四十八年の第一次オイルショックの際に諸企業がいかにこれに猛然対応したかなどは、大抵の社史が懸命に書き込んでいる。しかし第二次ショックはもういずれもがうまくクリアした後なので、その叙述はごく簡単になっている。一つの経済的現象についても、各企業が社史の中でいかに述べているかを比較しながら何冊かのものを読み比べることは、また興味深いことである。

社史については私もいくらでも書きこみたいことがあるが、ここではもっと一般の人もそれこそ自分に関心のある業種・会社のものでも読んでみられればいかが、というお勧めに留めておこう。各図書館も、あらゆる館ががむしゃらに社史を集めるというのは非現実的な話だろうが、地域その他業種的な関係のあるものから収集されてはいかがだろうかと私は考える。

「徴図書館員制」？のある国

徴兵制の施行されている国は珍しくないが、「徴図書館員制」のある国は珍しいのではないか。例えば日本国憲法では第三章が「国民の権利と義務」であるが、「その国」の憲法ではそういう章の次に「図書館に関する国民の権利と義務」という章があるのだ。即ち、そこではまず国民は図書館税を払う義務がある。この特別税制により、国あるいは地方公共団体の図書館運営に関する税金は別に集められる。だから図書館に関わる費用は独立して考えることができるのだ。

次に、国民は二十歳から八十歳までの間に一年間は図書館員をやる義務があるのだ。但し半年間を二度として分割して勤めることも許される。これらの期間、僅かの日当で定められた図書館に勤務しなければならない。令状は薄赤い紙に印刷されているので、「薄赤紙が来たっ」と驚いたり喜んだりするのである。戦時中の日本人男子はかって軍隊への招集令状が赤い紙だったので、「赤紙」を恐れたものだが、こっちの紙は命に別状はない。

「本野虫蔵、国立中央図書館研修部に配属を命ぜられ、ただ今到着致しました。向こう一年間、よろしくお願い致しますっ」と元気よく研修部長に申告する。虫蔵さんは、昔の軍隊の話をよく聞かされていたので、こういう着任の挨拶も、気合を入れてやらなければならないと思ったのだ。

三つ目の義務は、図書館教育を受ける義務である。一般の義務教育が中学校で終わるから、この期間中だいたい中学二、三年生の頃になるのだが、図書館をいかに用いるべきかの教育訓練を受ける。図書館員をやれば分かるはずのものであるが、利用者としての方法をみっちり教え込まれるのだ。そして検定試験も受けなければならず、合格しなければいけない。こうして国民は皆図書館教育を受け、図書館に勤め、図書館税を払う。なにしろ、国是として「文化昂揚、図書館力増進」ということになっているのだ。

ついでにもう一言。この国では図書館に入ると、いい匂いがする。「文化の香」なのだろうか。なんともいえない恍惚感に浸ってしまう。図書館に近づくと、引かれるように入りたくなってしまうのだ。うなぎ屋の前を通ると、うなぎを焼いているおっさんがパタパタと団扇を使ってあの匂いを拡散していて、通る人はたまらなくなって店に入って行く。あの感じが図書館にも、というわけだ。いい本を揃え、いい図書館員を集めていい読書環境をしつらえておけば、自ずからいい匂いがするものと、この国では信じられている。こんな図書館がどこにある？　図書館で調べてみよう。

第四章　図書館力有段者に至る

——図書館をよりよくする改善提案を——

図書館力「初段」以上というのも考えよう。図書館力がしっかりついたら、あなたは自分で段位をも認定して差し支えない。初段に至るには、他人に図書館の使い方を適切に指導できること、過半の資料を図書館から得て相応の著作を仕上げる作業くらいできることが必要であろう。さらに上級の段位というのは、現行の図書館に働きかけて、より適切な改善を要請し、これを実行させる力を持つこと、例えばもし地域に図書館がないなら（これが意外に日本の郡部には相当あるのである。）行政に働きかけて図書館の完成にまでし向けること、図書館支援の組織、例えば図書館友の会的なものを立ち上げて、その有効な動きを見ることができるようにすること、などなど。これについて明確な段位認定の基準は定め難いので、しかるべくご自分で配慮されるとよい。

そんな面倒くさいランクづけなんか要らないよ、「図書館力」という言葉さえ教えて貰ったら、図書館力のたっぷりつくようにせいぜい図書館を使ってみることにするよ、という軽い意味でお考えの人があれば、それも結構だと思う。図書館をフルに使いきれば、いずこの図書館もあなたの強力な助っ人になるだろう。若い人にはグングン希望が広がる。ビジネスマンには有益な生活と行動の指針が得られる。女性はきっとより聡明で、より美しくなれる。中年・高齢者たちはより賢明でより明るい後半人生が送れるような手段・方法などを見つけることができる。

図書館には、おもしろさや夢がいっぱい詰まっているのだ。本書はそういう力を手にするために参考になる話を少々書き込んでいる。本書各部はそういう内容である。

図書館力有段者ともなると、自分のことを越えて、他の利用者皆のことをも考えてあげなければという気持になるものだ。あるいは自分のことについても、もっと上位の欲が出てくる。それは既存の図書館をもっと使いやすい、よりよい図書館にしたいということを思いつくのだ。不幸にして自分の住む町の近くに図書館がない場合には、図書館をわが町に作ろうという運動になる。（この場合は残念ながら上級に至らぬ前の人々もこれに参加していかなければならない。）

今使っている図書館をもっとよいものにしていこうというには、自分の図書館に対する欲望を高めなければならない。それにはどうするか。

（1）他館、他地域の状況を学んで参考にする。（国内の他自治体の公立館のあり方を見る。他国のすぐれた状況を調べる。他の種類の、大学や専門図書館なども参考にする）

（2）上記のそれぞれで行なわれた、あるいは今も行なわれつつある市民運動などを参考にする。具体的には

①図書館をつくる、図書館をよくする会の様子を知る。
②図書館友の会、同ボランティアグループの状況を知る。あるいは交流する。（話を聞く、情報を知る）
③自分で行動に入る。（一人でやる、グループでやる）
これを要するに、自分で自分の地域のニーズを考えてみることと、他を参考にしてよいところを取り入れて動くということである。こうして図書館をよくすることにより、全市民がよくなっていく。
（3）ここに原理原則を取り入れることも大事だ。例えば「米百俵」の原理である。どんなに今、財政が苦しくとも、教育には然るべき投資を続けなければ将来の人材を育てることはできない、というあの話である。

20　ヨマンナランの五法則――ランガナタンの法則を見倣って

「ヨマンナランの五法則」？　謹厳実直なあなたはこの小見出しを見るなり、ふざけるな！と一喝を喰らわせたくなるかもしれない。本当はこれはインドの図書館学者ランガナタンがまとめた「図書館学の五法則」といわれるこの世界では有名な原理原則を捩《もじ》ったものだ。（S・R・ランガナタン著・森耕一監訳『図書館学の五法則』日本図書館協会　一九八一　参照）

本物の「ランガナタンの五法則」とは次のようなものである。

一　図書は利用するためのものである
二　すべての人に求める図書を
三　いずれの図書にもすべて読者を
四　図書館利用者の時間を節約せよ
五　図書館は成長する有機体である

この法則、意外に素っ気ない文章が並んでおり、そんなこと当り前の話じゃないかとも感じてしまう。でもこれは、図書館利用者側からというよりはやはり図書館側からの原則だなという気がするのである。しかし論旨は明快であり、私ならずとも人はこれをいろいろいじりたくなるのではないか。ラインという人は一九七九年、「（少なくとも）大学図書館はランガナタンの「図書館学の五法則」を守っていないという見解を提示した」。「大学図書館が多かれ少なかれ、ランガナタンの法則に反する次のような独自の法則を遵守しがちであると主張している。」（ランカスター著・中村倫子・三輪真木子共訳『図書館サービスの評価』丸善　一九九一、一五

ページ）

一　図書は収集するためにある
二　一部の利用者に求める図書を
三　一部の図書をその利用者に
四　図書館利用者の時間を浪費せよ
五　図書館は成長する巨大な墓である

というヘンな法則なのである。皮肉たっぷりのものだ。だって、本物の法則がそうなってはいけないということをズラリと並べてあるのだから。彼は大学図書館について、この金言が用いられていないというのだが、欧米の大学図書館ですら未だしの感があるのだろうか。翻ってわが国の多くの公共図書館にても、これに近い話があるような気がするのである。

さて、いよいよ私の「ヨマンナランの五法則」を書き示そう。

一　「図書館は利用されるためにある」

ということは、そうされやすい場所に所在しなければならないということだ。お客の多く集まる所に図書館がなければならない。またそういう状況下におかなければならないということだ。また、人が図書館に来やすい日時は開けておいてくれ、と言いたいのだ。

二　「国民は皆図書館を利用できる」

今でも刑務所や病院ですら、一応はその施設を擁しているはずである。しかし不十分である。高齢者とか、いわゆる社会的弱者において特に考えられなければならぬことだ。いろいろな分野で調べれば調べるほど、皆が利用できるためには、まだまだ配慮が足りぬという部分がある。

三　「図書館の本は利用を待っている」

今、図書館に行ってみると、ああ、これでは利用を待っている状態とはいえないなという図書館もある。本がそっぽを向いているのである。もっと読みたくなるような仕掛けが要る。

四　「効率よく図書館を利用しよう」

これも図書館を使ってみると、分かる。効率が大事なのだ。忙しい人は世に多く、それほど忙しくない人も単位時間に、より多く学ぶ方が望ましいのだ。図書資料の所在が分かりやすいこと、検索が便利なことなどなど、いくらでもまだまだ図書館には改善してほしいところがある。

五　「図書館は作り変えることができる」

さて、以上に述べたように、利用者は十分納得していないことが多いのである。それなら市民は図書館を思うように作り変えるべきだ。そうしなければならないのだ。

と、こういうのが私の法則だが、さらに悪乗りした私は、「海軍五省《ごせい》」に倣って「図書館利用者五省」も考えた。利用者は権利を要求するばかりではならない。義務も守らなければいけない。ところで、そもそも大日本帝国海軍の「五省」とは何か。その昔、海軍兵学校では夜九時半の自習時間が終了する五分前に、生徒は教材を机にしまって姿勢を正し前方を注視する中、その夜の当番生徒がこの「五省」を厳粛に唱える。全員は耳を澄ましてこれを聞きつつその日一日の反省をするのであった。それは次のようなものである。

一、至誠に悖《もと》るなかりしか
一、言行に愧《は》づるなかりしか
一、気力に欠くるなかりしか
一、努力に憾《うら》みなかりしか
一、不精に亘《わた》るなかりしか

これが行なわれ始めたのは昭和七年(一九三二)、松下元少将が校長だった時からだったそうである(松浦敬紀編著『終りなき海軍』文化放送開発センター出版部　一九七八　二五四～二五五ページの記述による)。

私はまた、これに倣う。図書館を利用し終え館を去る時、利用者はこの類の反省を行なうべきであると私は思う。

一、誠実に館内で行動したか
一、的確に自分の望む本を求めて利用したか
一、読書や調べごとに専念したか
一、書物など諸資料を大切に取り扱ったか
一、館員や他の利用者に迷惑を掛けなかったか

すべての図書館利用者がこれを行なえば、館内道徳は大幅に向上するはずである（あるいはこの「図書館利用者五省」に、もっと適切な文案があるだろうか。図書館利用に情熱を抱き、かつヒマな人はさらに考えてみてほしい）。

21　わがN市に関わる図書館サイン計画

私はN市に住み、図書館ボランティアグループにも加入してそこそこの活動はしているつもりなのだが、もうすこしグループに力がついたら、市の方にも強く働きかけて「読書に親しむ町・N市」というアピールを市のものにしたいと考えている。

だいたい、N市には市民憲章とやらがあり（これは他の自治体でもしばしば見られるものだが）、川の流れがきれいだから自然を大事にしましょう的なことやら、市民文化を向上させましょうとか、年寄り・子どもを大事にしましょうなどと、まったく「塀《へ》のつっぱり」にもならんことを何カ条も掲げている。そんなことは市の行政として当り前のことだろう。要するにどこの町でも当てはまるような、何の個性も感じないものは空文といわざるを得ない。（ついでに言えば、市役所や図書館でも「トイレはきれいに使いましょう」なんて張り紙がしてあるところがある。トイレを使って元よりきれいにするなんてあり得ない話だ。「トイレは汚さないように使いましょう」だろう。よく考えて正しい表現のもとに掲示をして貰いたい。）それよりも、もっと具体的なアピールを感じる一つの提議を含むような言葉がいいように思う。そして、図書館を中心とした具体的な町づくり構想を掲げていきたい。そこで、以下に書くことはほんとうは内緒にしておきたいことなのだが、私の構想もすぐにはかかれないかもしれないので、どこか他の町でもやって下されば後日参考にさせて貰えると、虫のいい考えを起こしたのである。

それは、

①「読書に親しむ町N市」という市そのもののキャラクターないし基本デザインをつくる。

②図書館そのものにもキャラクターを作り、表題にも掲げたように館としてのサイン計画

と絡める。

③図書館支援団体（友の会あるいはボランティア団体）のキャラクターをも作る。

こうして、この三つのデザインを一つの統合したイメージで結びつけるのだ。そして①だけで用いる場合もあろうし、②だけ、③だけで自分のところの行動にイメージづける場合はそれでよいし、時には②と③がセットして用いられれば、それでうまく合わさった絵になるというデザインを最初からセットして作っておくのである。これはいい考えだな、と私は自分でも思い込んでいる。

最近ではわが国でも図書館のイメージ・キャラクターを作って積極的に用いているところがある。（この間、茨城県立図書館に見学に伺ったら、ここもつい最近、かわいいキャラクターを公募で設定されていた。）欧米では以前から多々使われている。何々図書館とか何々友の会といって、強烈な印象を持つ美しいキャラクターがあったら、これはたいへんな広報効果を発揮するのだ。私はデザインの専門家ではないので、かつてよくいわれた「デザイン統合」などというものの説明もできないし、この種の実際的な手法や技術的な話はできないが、例えばある図書館が親しみやすい、かわいい、マークかキャラクターでも決めて、その図書館のイベントや館の表示に用いたなら、どんなに市民に親しまれるだろうかと思う。これらが、図書館は楽しいところなのですよとアピールすることになるし、図書館に行けばおもしろいことがありそうだなと人々に感じさせるのである。こういうものの価値が分かるか分からないか、実際に行なうか行なわないかで、地域の文化はそれこそだんだん差もついてくるだろう。

22 黒帯をめざして

かねがね申して来たように、図書館力有段者ともなればいろいろな図書館が自在に使いこなせるというレベルからはさらに抜け出て、欠点に気づけば改善を提言するくらいの気持や力を持たねばならない。図書館に限らず、あらゆる施設とか設備とか建物、行政機関などは、いつも使っておれば、必ず不具合なところに気づくものだ。図書館でいえば、どんなに評価の高い所でも、また新しい目で見ると欠陥や不充分な点が見つけられてしまう。高名な浦安市立図書館も、JR新浦安駅から降りて、便利な「おさんぽバス」というのに乗ると、十二、三分で「図書館前」に着く。ところが、ここで降りてもどこに図書館があるかがいきなり分からないので、立ち往生する(二〇〇五年七月現在)。右手に看板地図があるのだが、これのどこがそれに当たるかが不分明で、グルグル廻ってしまう羽目になる。ここは図書館の真裏側なのだ、と気付くには時間がかかる。しかし館内に入ればもちろん万事納得であり、問題を見つけることは難しい。でも世間ではここほどいい図書館は少なく、たいていの図書館なら入って出るまでいろいろな難点が見つかり、ここはこうしてくれたらもっといいのに、と感じてしまう個所が何十点とあるはずだ。大事なことは、館側がよかれと思ってやっていることが利用者にはさっぱり通じないことが多いということである。

交通機関に多い話だが、道路標識は一般的にいつも問題にされている。車で走っている人の目から見て適切かということだ。標識は立っていますよ、と言われても夏など傍らの樹木が覆いかぶさって見えない状況になっている場所がある。また、満員に近い電車に乗っていると、窓の辺りが車内のいっぱいの人でしっかり外が見えず、ホームの駅名が見えないことがある。駅名の表示はホームに何個所も懸っているのだが、その看板や表示板の高さが同じだから、最初に見えないものは、ホームの前方も後方もどれも見難いのだ。誰もこんなことに苦情を言わない。高さを高低つけて設置するのは不体裁だと思うだろうが、実際論で考えてほしい。車内のつり革だって進行方向に並行して付いているが、これだって握る人は直角の位置にしてくれる方が自然に握れるのである。（この頃はそういうのが増えているが。）

そんなわけで図書館も毎日の利用者が、ここは困る、ここはこうして欲しいと意見を言わなければ、向こうの人は分からないのだということを皆知るべきである。

館の人も利用者も、他館の状況を見るのがもっとも参考になる。ふだん同じ図書館しか使っていないと、こういうものかと考えてしまうのだが、他を見れば途端に要求度が高まる。他所ではこうやっている、こうすればできるじゃないか、ということが簡単に分かる。とりあえず、模倣でよい。その上でやがて独創的なものが思いつかれるだろう。他の市町村立、県立、国立国会図書館、あるいは、種類の違う図書館、大学・学校・専門その他いろいろな異業種の所を見て歩けばいくらでも参考になるものを見ることができよう。世界の他国の図書館を見れば、さらにこれまで気づかなかったことでアッそうか、ということがあるだろう。

他所へ行ってまた気づいたら、そこでも意見を言おう。苦情や注文を申し立てよう。それはレファレンスについても同じだ。こう動いてくれたが、それよりもこんな資料を出してくれたらもっとよかったのじゃないか、ということがありそうである。一例を挙げよう。

私はある調べごとの必要から、帝国大学と旧制高等学校の学年始めが何月か、その変遷を確認したかったのである。日本では学校はどこでも、昔から四月に始まって三月に終わると思っている人が多い。桜の花は入学などとイメージが重なってもいる。ところが、以前は七月、九月ということがあったし、外国でも四月が新学期というのは少ないのではないか。私は明治・

大正・昭和何年から、何月始期に変ったかを正確に知りたいと思った。しかし実際にはこれを調べるのは難しそうだったので、ついでもあり、先刻（二〇〇五年六月のある日）国立国会図書館に出向いて、まずは「総合案内」で、このことで調べたいのだけどどういう調べ方がよいか、と問うたのである。しかしここでは埒があかず、「科学技術・経済情報室」に行ってみて下さい、という。

その室に入るとすぐに相談コーナーがある。そこで趣旨を説明していると、横に坐っていた三人の屈強かつイケメンの若い男性が、走ってあるコーナーに飛び出して行ってくれた（研修生ででもあったのだろうか）。私も付いて行くと、「教育」のコーナーで三人がかりで調べてくれていた。『学制百年史』とかの資料編、年表編などがあればなあ、などと口走りながら何冊かの参考図書をひっくり返していたが、三人さんとも適切なものにつき当たらず、「新館三階の官庁資料室に行ってみて下さい」ということになった。

そこの相談係ではいきなり大上段に振りかざしたようなアプローチだった。そういうことは「法令などで決まるでしょうから、だいたい何年頃かが分かりますとねえ」と。なるほど明治大正の法令全書は膨大なもので、法令など何千あるか分からない。これから検索し探すのはたいへんだ、という気になる。それが全部年単位で並んでいるから、そのところが分からないと手の着けようがないというのはもっともな話である。『学制百二十年史』によると、明治十九年三月二日「帝国大学令」公布、二十六年大幅改正というのがある。その十九年、「中学校令」により、高等中学校が帝国大学への予備教育と高度の実務教育を行なうことになっている。明治二十七年六月二十五日「高等学校令」公布。さらに見てみると、大正七年十二月六日「大学令」制定、そこで「帝国大学令」は帝国大学のみに適用されることになった。大正八年二月七日「帝国大学令」改定公布、同三月九日「大学規程」が出ている。だいぶん分かってきたぞ、というこんな前提で「法令全書」を探したが、結局時間切れになってしまった。学年開始暦などは意外に教育関係通史に記載がないのに閉口した。かえって単体の大学史などに書いてあるのではないか、あるいは他の方法は、と思いつつ、ここの係の人に「今日は無理でしたが、後日までに調べておいて頂くわけにはいかないでしょうか」と聞いた。「ああ、個人からのものは受けていません。あなたの町の図書館からレファレンスを上げてこられたら、それはやります。」ということだ。なるほど、図書の貸出といっしょか。国会図書館から直接個人は本を借り出せないが、地元の館から上位の館を探して貰うという手続きによれば、国会図書館の本も入手できるのだ。

私は言われた通り地元の図書館にレファレンスを求めた。「戦前の帝国大学及び旧制高等学校の学年開始月日の異動の変遷について」調べてほしいなどとペーパーに書き、参考になると思われるこれまでに分かった事項も添えてお願いをした。数日後調査の一部を教えてくれた。なんと、この図書館にもある『新教育学大事典』の第七巻「資料編」と第八巻「年表」を調べると、ほとんどが出ているではないか。苦労して探した教育関係法令はここに一覧性よろしく揃っている。「資料編」に、「高等学校規程（大正八・三・二九文部省令第八号）」の二十四条は「学年八四月一日ヨリ翌三月三十一日マテトス但シ九月一日ヨリ翌年八月三十一日マテト為スコトヲ得」である。「年表」では、「明治十九年」に「高等師範学校、学年始期を九月から四月に変更」とあるのも参考になる。さらに数日後、県立図書館から『東京大学百年史　史料１』（東京大学出版会　一九八四）と『京都大学百年史　資料編１』（京都大学後援会　一九九九）を借り出して届けてくれ、必要事項は県立図書館の方で抜書きまでしてくれてあった。これらで、私の探していた事項は全部氷解した。東京大学ではその前身「東京開成学校」の「規則」（明治八年二月）で九月十一日から七月十日に終わる（間は夏季休暇）。さらに東京大学になってからは明治十二年十一月十八日の「東京大学法理文学部規則改定」によって同様、九月十一日から翌七月十日と定まった。一方、明治十年の「東京大学医学部通則等」は「学年八十二月一日ニ始マリ翌年十一月三十日ニ終ル」となっている。いずれにせよ、この頃の帝国大学は九月、十二月が学年の始期であった。以後半世紀近くはこのようであったが、大正九年五月十一日の評議会議決によると、「学年ハ四月一日ニ始マリ翌年三月三十一日ニ終ル」と改定されているのである。そして評議会議事録は「高等学校ノ学年開始期ヲ四月ニ改ムル以上已ヲ得ス」としている。

京都大学の方はもっと見やすい。「分科大学通則」明治三十年九月三日達示第三号によって「第一条　学年ハ七月十一日に始マリ翌年七月十日ニ終ル」。これが「京都帝国大学通則」明治三十七年九月一日の達示第九号で「第一条　学年ハ九月十一日に始マリ翌年九月十日ニ終ル」と改定された。そしてこれも東大と同様、高等学校の影響を受けて「京都帝国大学通則」大正十年一月二十日達示第二号により「第一条　学年ハ四月一日に始マリ翌年三月三十一日ニ終ル」となったのである。

以上を要するに、学年の開始月日については旧制高等学校は文部省が省令の「高等学校規程」で定め、大学は個々の学内規程で個別に決めていたが、現実には高校の卒業生を受け入れるのだから、これに引きずられて国の定めた高校の学年開始月日に準じた、というのが結論である。

こうして私の地元N市立図書館と県立図書館がこのレファレンスを解決してくれたのだが、後で考えてみればそれほど難しいものではなかったのだ。なぜ国会図書館は『新教育学大事典』

をすぐに引き出してくれなかったのだろう。後日「科学技術・経済情報室」に行ってみたら、それは全八巻揃っており、資料編も年表もあった。ここの本は貸出をしないのだから、あの日に限って誰かがちょっと見ていたということだったのか。「官庁資料室」だって、自分の所轄範囲でなくても、私でさえ個別の大学史にあるのではと見当をつけたほどのことを、あの時考えついてくれなかったのだろうか。

これを振り返って、私はまた国立国会図書館に出かけ、「これこれでした。そちらのレファレンスは不適切でしたよ、はるかに簡単に判明することでしたよ」と言ってあげるべきだろう。でもそれはちょっと私もまだ言いかねている。

23　文殊の智恵――グループでの改善提言

改善の声を上げなくてはならない、と本気で思い出したのは、N市の図書館ボランティアグループの人々である。私は図書館力有段者は図書館を改善する力があり、あるいは改善への提言を行なえる人だということを言ってきた。この有段者がたくさんいることはもっともっと図書館改善に力を増すことになる。あるいは図書館力がそこまで高くない人たちでも、皆で力を結集して網羅的に図書館にいろいろな提言を持ち込んだらどうだろうと私たちN市の図書館ボランティアグループは考えた。このグループはおよそ百人のメンバーがいる。図書館内外でいろいろな活動を行なっている。それもバラバラではいけないので、七つの部会を編成し、まとまって行動している。書架の整理をする整理部会、本の読み聞かせを行なっているお話し部会、館の周辺を花で飾る美化部会、館内掲示や子ども新聞を作っている掲示・子ども新聞部会、その他企画・広報・総務という部会があり、会員はこのどれかに所属することになっているのである。

ところが会員は日々これらの活動をしているうちに、もっと別の方法でも図書館のためになることができるのではないか、と考えるようになった。それは改善を要する部分について気づくことがあったら、このグループ全体の意見として提言すればよいのではないかということである。私たちはまず図書館の利用者なのだから、そしてなにしろ百人の目があるのだから、いろいろな視点が期待できるのだ。こうして新しくプロジェクトシステムを作ることにした。日常の活動と別に、問題を生じた時ごとに議論を進めようというのだ。意見を持った人が、集まれる人が、任意にテーマごとに集まるのである。

最初に館内外の表示が問題になった。分館などについて、図書館はこれを「分館」と称しているが、市の立場からすると、これらは公民館や市行政の建物の中に入っているので、玄関の外には「図書館××分館」という看板を全然出していないのである。これでは外からこの中に図書館があるとは知られない。また、館内に入るとカウンターの真上に利用案内を書いた看板がブラ下がっているが、誰がこんな位置で大口開けて上を見上げ、この内容を読もうとするだろうか。以下多くの場所で「これは……」と感じないではおられないことがたくさんあるのに驚く。こういうことを中央図書館、分館ごとに問題として探し出して、図書館側にまず指摘し、ここはこうしたら如何という提言をするのである。費用もかけずに労力で手直しできることがあれば、ボランティア側で協力しましょうと言っている。

第二のテーマは資料の分類のことである。日本十進分類法でたいていのものは三桁の数字がラベルに付けられているが、特定の部分ではそれが例外化されている。日本文学の小説は、ラベルには作家名の頭文字一字だけしかない。文庫や新書は判型でまとまっているから、分類記号で探しても一般の本とまとめて考えられない。児童書の室へ行ってみると、絵本などは大きさ別に棚に入っており、出版社別に区分されている。参考室の本、郷土資料室のものも別な表示だ。それらが、説明なしに違ったところに置かれているから、慣れるまではほんとに探しにくいのである。その他分類記号と配架には問題がたくさんある。これらを次の問題に取り上げようとグループは考えている。

館内のコンピュータ端末で調べられる事項は今、館にある資料の題名と著者名からの検索に耐えるのみである。これでは物足りない、という不満が利用者にあった。ところがさすがに、図書館では近年中にはコンピュータの性能向上の案がある、という情報を聞くことができた。そこで慌てて、プロジェクトはこのテーマに立ち向かうことにした。自宅からでも予約をしたい、事項検索もやりたい、近隣他館との相互貸借が出来るよう、横断検索ができるようにすべきではないか、その他たくさんの希望が出て来た。システム改変の作業は日時がかかるというので、図書館側のスケジュールに間に合うように急いで提言をまとめなければならない、と私たちはグループでのチェックや討議を急いだ。図書館に提言として文書にまとめたのは、これが第一号となった。以後は相談もしつつ、利用者の希望水準を確認しながら、図書館はシステム改善を進めてくれるだろう。

この他、多数の問題が考えられる。高齢や病弱・入院のために図書館に来られない人に、赤ちゃんを抱えて本も落ち着いて館内で探せない若いお母さん方に、その幼児たちに、それぞれどういう形で本を届けるかは誰も考えないではないが、図書館の側ではどうするのがいいのだろうかはまだ正解が見出せないでいる。読書習慣に乏しい子どもたちをどうして本に親しませていくか、ヤングアダルトという層への手頃な本の与え方をどうするか、ビジネス起業を考える人々にどう支援していくか、遅く自宅に帰ってくるサラリーマンにはどう対処するか、地域に次第に増えつつある外国人たちからの外国語図書雑誌類設置の要望をどう充足していくか。こうして利用者の層別に見ていっても、問題はいくらでもある。それぞれの人たちの立場になってということでは、図書館は対応しきれないだろう。サービスを受ける立場からこうしてほしい、こうするのが適当である、と誰かが言わなければスムーズにはいかないのである。

私たちは自分たちの参考にするために、外部の情報をもっと知らなければならない。図書館界の他分野で今どういう話が進んでいるのか、どういう図書館が出来てきつつあるのか、そういうことを知ることが不可欠だ。

インターネットでも情報は得られるが、もっと深いものはやはり活字情報だ。図書館の月々の動向は業界の月刊・季刊・年刊などの雑誌をチェックするべきだ。国会図書館で容易に見られる関係雑誌を見てみよう。雑誌の性格を知っておいて、時折見てみるのがよいだろう。

(1)『図書館雑誌』（社）日本図書館協会編・刊

これは関係雑誌の中では情報として一番詳しいと思う。二〇〇五年の第五号の特集は「図書館と災害被害・その教訓」である。ニュース欄には全国の図書館に関する内外ニュースが集められており、貴重な情報といえる。「資料室」は、図書館関係雑誌記事索引、単行書紀要掲載論文、要覧、館報協会報機関誌、出版、生涯学習、読書、地域資料の区分で月々の資料が入る。

（2）『現代の図書館』　日本図書館協会現代の図書館編集委員会編　日本図書館協会刊

これの二〇〇五年一号の特集は「図書館員の養成と資格制度に関する国際動向」である。

（3）『図書館界』　日本図書館研究会

この二〇〇五年第一号の記事は「満鉄児童読物研究会の活動：満鉄学校図書館史の一断面」、あるいは「子どもの読書意欲と関心を高めるための学校図書館の支援」などというものである。

（4）『みんなの図書館』　図書館問題研究会編　教育史料出版会刊

本誌は月刊、二〇〇五年六月号の特集は「図書館協議会動き出す」といものである。

（5）『図書館の学校』　特定非営利活動法人図書館の学校編・刊

これは月刊だったものが、今は隔月刊になっている。

（6）『日本図書館情報学会誌』　日本図書館情報学会編・刊

この二〇〇五年第一号の記事は次のようなものが見られる。「カムデン（ロンドンのカムデン地区）における図書館ネットワークの変遷と市民運動」「図書館先進地域の市町村立図書館におけるレファレンスサービスの特性 ― 滋賀県と東京都多摩地域の比較をもとに ―」

（7）『専門図書館』　専門図書館協議会編・刊
　この二〇〇四年六号の特集は「人材教育・スキルアップ」というもの。
（8）『大学図書館研究』　大学図書館研究編輯委員会編　（財）学術文献普及会刊
　この七二号（二〇〇四年十二月刊）には、こんな記事があった。国際基督教大学図書館の論文である。二〇〇三年度の貸出数と館内利用冊数を加えると約三十三万冊、蔵書総数六十万冊の約半分である。利用データを調べると、書架から抜き出されて利用された図書は約十万冊、そのうち約五万冊は一度のみの利用。残りの五万冊が繰り返して利用されて二十八万回利用されたという。
（9）『学校図書館』　（社）全国学校図書館協議会編・刊
　この二〇〇五年五月号には特集が二つ。Ⅰ「災害と学校図書館」Ⅱ「海外の教育事情と学校図書館」。それに主要教育雑誌記事索引」が付いている。
（10）『医学図書館』　特定非営利活動法人日本医学図書館協会編・刊
（11）『薬学図書館』　日本薬学図書館協議会編・刊
　これは季刊で、二〇〇五年四月刊行の一八八号では特集として「国内医薬文献データベースについて――エンドユーザー向けに」というものが掲載。

(12)『国立国会図書館月報』　国立国会図書館編・刊
この二〇〇五年五月号には「アジア太平洋議会図書館長協会第八回ニューデリー大会報告」というものがある。
(13)『国際子ども図書館の窓』　国立国会図書館国際子ども図書館編・刊
これには「世界の児童図書館の現状」という記事がある。

それから単行書では図書分類〇一〇、〇一五あたりの図書館関係の書物を読めば、関係の参考書はいくらでもあるから、一般的な図書館力強化には役に立つ。後はこうして皆で、より多くの人々が共同して考えていくのがよさそうである。

リッチなライブラリアン

ライブラリアンというと世上、清貧な感じがある。ゾロゾロ部下を引き連れて高級バーで飲みまくり、派手な海外ブランドものを多々身につけて喜んでいる図書館員というものを、不幸にしてこれまで見聞きしたことはなかった。世の人々もこれで是としていたに違いない。しかし金満読太郎氏という人は違った。れっきとした図書館人でありながら、ついに高額所得者のランク入りを果したのである。一般の図書館関係者は、これを見て二通りの反応を示した。その一は、「何だ、あいつは。まともな図書館勤務者の風上にもおけぬ。サラリーマン図書館員として普通に働いて高額所得者になれるわけがないではないか」という清貧愛好の諸氏である。だが一方に別な反応を示す人々がいた。「おう、すごいではないか。ライブラリアンでもお金持ちになれるのだ。これからはあの人を見習い、あり余る資産に囲まれて明るく裕福な人生を送りながら図書館勤務に精励することを目指そう。こういう実績が世に知られるならば、もっと多くの優秀な人材がこの職業を望むことになろう」という積極派的な考えをする人たちであった。

過日、私はこの金満氏をある雑誌記者という風体で取材させて貰った。

――金満さん、すごいですね。図書館関係者としては初の高額所得者ランク入りですね。

金満――いやあ、こういうことになるとはね。でもこれは決して不思議な話ではありません。悪いことをやって溜め込んだわけではありません。私の勤めている市立図書館としては、充分ありえるのです。普通の行政都市では絶対無理でしょうが、私のところでは、いろいろ民間的な手法が取り入れられていましてね。

――どういうことですか。

金満――要するにがんばって成果を挙げた人にはその成果を評価して、それに応じた報酬を与えるということですよ。民間企業では普通にやっていることでしょうが。

――そうです。人事考課でビシビシ差がつくのは当り前ですね。悪くすれば企業はガタガタになり、成績のよくない者からリストラされます。反対に業績がよくなれば、それに貢献した人はドンドン抜擢されます。

金満――そうでしょう。それが当り前ですよね。私が勤めている図書館はこれをしっかりやっているのです。図書館は、市民の利用がドンドン増え、市民生活が活性化していくことが目標です。これを数字で表わして、その成果を計測しています。図書の貸出数とかレファレンスの件数など、どこの図書館でも数字を出しているのは普通のことですが、ここでは館員の誰々の考え方や行動で成果が上がったか、を判別するのです。民間では昔からやっている提案制度もやっていますよ。ここをこうしたら利用者はもっと喜ぶだろうとか、図書の購入方法で新しい、いいアイデアに気づけば、それは館長にじかに提案してもいいのです。私も夜な夜な、外国文献など読んで、うちの図書館でも使える方法はないか、いつも研究しています。こういうことが評価されると、給料の昇給がよくなり、特別賞与も出ますから、私が貰う月給は今館長よりはるかに多いのです。

——普通の人件費では間に合わないことになりませんか。

金満——そこで、うちはよそでは多分やっていないことを始めました。企業メセナというういい方がありますね、図書館という公共の事業に、企業から資金を寄付して頂くのです。これを上手に活かす方法を講じて、図書館独自の財源化することをやっています。そんなわけで、この図書館は財政的に豊かになってきました。

——それはすごいですね。でもそんな程度のことで、金満さんの収入になりますか。

金満——あと、個人的な著作で印税が多く入ります。図書館ものといったら、そんなに売れるものは有り得ないでしょうが、私はうんと面白いものを書きますから、これで印税がガバガバ……。

——ウワッ、図書館勤務の方からそんな表現を聞くとは思いもよりませんでした。

金満——すみません、つい下品ないい方をしてしまって。それと講演です。私は「いかにしてお金を増やすか」という話をしますから、聞きたいという人は多く、したがって、講演料も悪くありません。

——私もそれは聞きたいものですが、具体的にはどんなお話を。

金満——いや、簡単なことなのです。図書館に行って、すでに金持ちになった人の伝記・自伝を読むことです。すると、コツが分かる。事業を起こして成功した人、利殖でうまくやった人、結局は成功者の実績を学ぶことです。私はただ、そういう話、つまり結局は図書館に行くことを勧め、図書館の使い方を説明してあげるだけなのですがね。でも講演の看板に偽りがあるわけではありませんから、それで皆さん納得されるのです。

——フーン、そういうことですか。

金満——まあ、そういうことで小銭もたまりましたから、それを元手に株式でも稼ぎました。マア、結局は私に金運があったということでしょうかなあ。

——こりゃイカン、誰にも通用する話ではなくなってしまった。ではさようなら、金満さん。

余録——図書館のはなし、余談ですが

図書館力が徐々に着いてくると、どんなことでも自分で自由に考えることができるようになってくる。それは自分に知的自信が着いてくるからなのだろう。塩田丸男氏がエッセイで書いていたが、氏は何でも事の重箱のスミを突っついてみるのがこの頃の趣味だという。この話は私の納得のいくものであった。図書館力が着いてしまうと、何か見たり聞いたりして、本当かなあと疑問を感じるとすぐ調べに掛かれるのだ。その上で、なるほどとか、違うじゃないかと自分の考えをしっかりさせることができる。

またさらに何事を考えても、それが図書館だったら、と考えるくせもつく。よく偉い人に私淑すると、故人であっても、とにかくあの人だったらこの場合どう考えるだろう、どうするだろう、というものだ。あの先生の考えが私をいつも動かしているのです、というようなことである。それをここに応用してみたいと私は思う。何でも、図書館だったらどうだ、図書館から見るとこうでないか、などと考えるのである。本書に収録してはいないが、「図書館列車出発進行！」などというエッセイをあるミニコミ雑誌に書いたこともある。北海道へ向う豪華寝台特急カシオペア号レベルの全車二階建てのすごいカッコイイ列車。この列車の一階は全部図書館なのであり、二階は居住区つまり昼は書斎、夜は寝台になる。二週間かけてこれで日本列島縦断、すなわち一往復するのだ。その間、超鈍行列車として走る。なにしろ皆、本を読んでいるのだからゆっくり走ってほしい。というわけだが、寝ても起きても読書三昧という楽しい話を、列車内で快適な読書空間を維持しつつ二週間をすごすという空想物語に仕立て上げたのである。そのデンでいけば、図書館別荘村、図書館温泉なども考えられる。

本章は番外編のようなものだが、日々思いついたいろいろな図書館に関わりありそうな話を集めたものである。いろいろなことを、とにかく図書館という言葉に重ね合わせて考えてみよう。すると、新しい発想が生れてくることが期待できる。おもしろいことも出てきそうである。

24　図書館で友だちはつくれるか ── 定年人になったら

子どもたちが歌っている。「一年生になったアら、一年生になったアら、友だち百人できるかな……」その後、「百人で笑いたい、世界中を震わせて、ワッハハ、ワッハハ、ワッハッハ」とやら歌われる山本直純作曲のものがある。なかなか結構である。私が子どもの頃は一クラス五十数人というのが当り前だったから、二年、三年と上がるにつれて二、三度組替えがあると、ちょうど百人ぐらいの子どもたちとなじみになったものである。だからこの歌は現実的であった。でもこの頃の小学校は一学級三十人かそこらではないか。そうすると、子どもたちは小学校卒業までに百人の子となじみになることは難しいのかもしれない。

　ところで話は現実のことに立ち戻る。私たちは定年になると何が困るといって、日常接触できる友人が激減してしまうのが困るという人が多い。勤めを持っている間は、よくも悪くも、帰りには「ちょっと一杯」という仲間がいた。上司・先輩・同僚・後輩・部下……これらが全部「友人」とは言い切れないが、仲間ではあっただろう。で、定年ともなり暇になって図書館にでもしばしば出かける人が多くなるが、そんな場で、友だちはつくれるだろうか。（ああ、あの人は毎日通うように来ているな）という人はいくらも見つかる。（あの人はたいてい英語の辞書を使って原書を読んでいるようだ、ずいぶん勉強家なのだなあ）とか（あの人はいつもブラブラと文学書界隈の書架をしばし探しまわり、やがての揚句、一冊の本を見つけて閲覧室に行く。本当にその日その日を消化していくためだけの読書のようで、たいくつそうだ、暇そうだなあ。見ていてもやるせない）と見とれている。向こうでも私をそんな目で見ているのかもしれない。問題は、そういうヒマ人同士、何の接触もないということだ。図書館に来ている人はたがいに声をかけるということはほとんどない。たしかにこういうところに出かけてくる御仁は、孤独を好むというか、他人にとやかくつきあうよりは自分で黙ってひとり好きにするさ、という人が多いのかも知れない。でもひょっとすると、話でもしたいのかも知れないのである。

仲間を作りあって、親しく話し合い、何かもうすこし積極的に生きたいのだけれど当面とっかかりがないから、という人がいくらもいるかも知れないのである。

私は地域でいくつかの団体に加入している。①ふとしたことから知り合って加わったエッセイを書くグループ、十一人。②県主催のカルチャーセンター風の講習会後の集まりから自分史勉強会になった十一人。③市の支援する外国語勉強会の一つの仲間　約十五人。④図書館ボランティアのグループでの常連　十数人。その他定年後地域的な仲間というのが数人いるから、あの歌の百人の半分のおよそ五十人が概ね定年後親しくなった友人たちである。

これ以外に、学校時代からの同窓会仲間、会社員時代の（社内外の）仲間などがあるから、結局親しい仲間は百人ぐらいになるだろうか。

雑誌『みんなの図書館』平成十四年七月号の「図書館問題研究会第四九回全国大会記事」を読んでみると、私の考えていることに近い話があった。神奈川県立川崎図書館でのこと。「特許資料の講座を契機に、それまで館内で顔見知りではあっても話は交わさなかった会社員の男性たちが声をかけ合い、グループを作った。自分たちの持っている知識や技術を生かして、何か社会や地域に貢献したいという人たちのグループである。」

そして、さらにこの記事が言っている。「行政が比較的容易にできることは、場の提供と、資料・情報の提供である。なかでも図書館は、資料・情報の提供についてはプロであり、場も提供しうる。さらに人と人を結びつけるきっかけづくりも行える。教養・娯楽型の催しだけでなく、社会生活・職業生活に活きる実際的な催しを行政他部署との連携も含めて行うことは様々な人の結びつきや活動のきっかけづくりに役立つ。」

こういうことが分かっているのだから、図書館ないし図書館関連団体がなんとか口火を切ってほしいと思うのである。日本人はほんとにシャイで、個人的にはなかなか自分から話をし始めない。

25 図書館とテレビ

テレビはその生成の由来からすれば、活字文化の十分の一以下ほどの歴史しかなく、業容としても文字通り新興産業といわざるを得ない。しかし現在の社会での存在感からすれば、その勢いは活字文化をはるかに凌ぐ場面すらあると言えるだろう。

テレビはラジオという放送形態の弟分であったはずだが、あっという間にその兄貴の存在を乗り越え、独自の存在感を世にアピールした。テレビはジャーナリズムとか視聴覚文化とか大衆娯楽などという場面の「家庭生活」の中で、キチンと長幼の序をわきまえ、養育の恩恵を感謝し、今日成人して立派な大人になったことについて恩返ししているだろうか。そう問えば、誰もが否というのでないか。もっとも悪く表現すれば、家庭内では野放図に育てられて親の恩を知らずに、学び舎にては自ら拙速な教育を受けたとして師の恩を忘れ、いい加減な大人に育ち上がってしまったのではないか。

実務の世界に立ち戻って考えてみよう。昭和三十年代、続けざまに幾つかのテレビ局が生まれ、それらはかっての新聞界とか放送（ラジオ）界その他から多数の人材を吸収していった。まず人材導入・育成の面で、テレビはこれら諸先輩産業・業界に感謝の念を抱いて貰わなければなるまい。

それからテレビが何より今恩恵を得ているのは、活字文化からである。具体的には広報支援を無限に受けているということだ。私たちは毎日、「新聞で」テレビ番組を確認している。多くの新聞が最終ページのほとんど全部をテレビの日々の番組紹介に費やしている。新聞が毎日これだけの紙面を他の媒体のために提供しているのに、人は不思議を感じないか。そもそもこれは記事なのか広告なのか？　私は念のため、過日ある新聞社の広報部門に質問の電話を入れてみた。答「これは広告ではありません。」私「つまり新聞がこうしてテレビに毎日サービスして、テレビからは何のメリットも得ていないのですか。」答「ハイ、何のメリットも頂いておりません。」　何と活字業界はお人よしなのであろうか。新聞は毎日テレビ番組の詳細を無料で読者に提供しているのだ。

あえて言いたい。テレビは活字業界のために無料で、毎日毎週、今度はこういう単行本が刊行されました、今月の文芸月刊誌は何々が何日発売で、主要目次はかくかくです、何々紙の特集記事はこういうことです、などと活字媒体の詳細な情報を網羅的に放映してくれなければ引き合わないではないか。たまにはテレビで本が取上げられているが、それは「ニュース」である。新聞でいえば「記事」としてのことだ。私が言いたいのは、そういうニュースではなく、冒頭で述べた新聞最終ページに出ている毎日のテレビ番組案内に当たる仕事をやって貰いたいということだ。

テレビはまた、例えばこういう読書啓蒙の事業もやってほしい。今、学校の世界では「朝の読書」運動が行なわれている。一九八八年以来、毎朝始業前の十分間、先生と生徒がいっしょになって自分の読みたい本を黙読するだけの運動だが、これが生徒たちにすばらしい好影響を与えている。本を読めない子が読めるようになった、集中力がたかまった、言語能力が伸びたなどと全国一万何千校で成果が挙がっている。こういう話をテレビで紹介し（部分的にはニュースになったこともあるが）、この要領をテレビ上で実践的に取上げてほしいのである。例えば毎日十分間テレビは静かな音楽でも流し、あるいは聴いて有益な読み聞かせの時間（例えば古典文学作品でも）とし、要はテレビが十分間は読書に協力する時間を提供するということだ。「スポンサーは文部科学省？　出版協会？」などというのか？　バカを言ってはいけない。新聞が皆やっているように、各テレビがそれぞれ無償でやってくれなければ私の言っている意味にはならないのである。

26　本好きは図書館勤務に向くか

こんなタイトルは図書館の人には失礼かも知れない。本を選ぶ、貸す、質問に答える……などはごく即物的なものであり、私ごとき一介の利用者が司書など図書館員も読んで下さるかも知れないこの本で、図書館員の適性などについて論じたりするのは、まことに僭越の極みである。

しかし考えてみれば、いろいろな職業の中で世襲ということがずいぶん行なわれているのに、図書館界ではそういう例を見ないような気がするのはなぜだろうか。……ここの図書館の館長はお父さんも図書館長だったし、その先代も、などという話は聞いたことがない。私立図書館の場合は話が違って、ある方のコレクションが文庫になり、図書館になったという場合は、その子息が跡を継ぐという例はあるだろう。その時は理事長か何かで世襲となることはあると思う。

一般論として考えると、政治家や芸術家、学者、宗教家などでは特に世襲が多いように思うが、これは資質や環境が影響してのことだろう。だいたい、農業・工業・商業、どんな職業でも何でも親ゆずりの職業というのは心理学的に、しかも深層心理学的に、極めてスムーズに子孫に受け入れられ、成功する割合も高いものだということを聞いたことがある。先祖の人々や親のやってきた職業をそのままやっていくというのが、ほんとうは無難な人生だそうである。

図書館人というのは、職業的にはそれほど確立されていないのだろうか。しかし図書館の管理運営も高度な域に達すれば、「図書館の理念」とか「図書館経営哲学」などという話に至るに違いない。何代かの図書館勤務者の末裔に当たる人の中に図書館運営に相応しい遺伝子が集積されて、もっともすぐれた大図書館人が出現されるかも知れないのである。

図書館に勤めるには、何といっても本が好きな人でなければならないだろう。その上に性格として几帳面さ、よい意味のしつこさ、つまり執念みたいなものも求められるだろう。それと時代も考えられなければならない。昔ならコツコツ型だけでよかったかもしれないが、今は人とつき合うことがある程度できない人では勤まらないといえる。図書館での採用試験には、どんな基準が用いられているのだろうか。面接時に「あなたは本が好きですか」などという問いはあまりにも通俗的で、そんなことは聞かれないだろう。そうだ、また気がついたが、図書館の話に心理学的なことは話題に出てこないようだ。「図書館心理学」などという言葉も聞いたことがない。でもこれだけ利用者一般のことを考えなければならない図書館なのだから、図書館運営についての心理学などというのもテーマにしなければならないのではないか。図書館も今日に至ってあらゆる分野に影響力を有する時代になったのだから、世の様々な学問や技術を、利用できるものは精いっぱい使うことが望ましいと私は思う。

深層心理学の世界では、フロイト、ユング、ソンディなどという学者がいた。S・フロイト（一八五六～一七三九）は精神分析の創始者であり、「個人的無意識」ということを問題にした。C・G・ユング（一八七五～一九六一）は分析心理学を行ない、「集合的無意識」を語り、そしてL・ソンディ（一八九三～一九八六）は「家族的無意識」を論じた。いずれにしろ、この人達は人間行動の理解に「無意識」という概念を用いたのである。この中で私が職業選択の研究に大いに有効と見るのはソンディである。ソンディは「選択は運命を形成する」という考え方である。彼は多くの家系について観察、研究したが、「ある家庭（家族）においては疾病だけでなく、運命もまた繰り返されるということ、そしていろいろな世代において何回も何回も似たような恋愛の相手や結婚の相手、似たような職業、そう、似たような死に方さえも無意識に選ばれるということが彼の注意を引いたのである。」（松原由枝「L・ソンディの死に寄せて」『現代のエスプリ　二七三　運命分析』）

ソンディが自らのこの学問研究に入った動機は次のようなものであった。

一九三〇年があけて間もなくのころ、ハンガリーのブタペストにある教育大学の附属クリニックの精神科医長を務めていた、若き日のリポット・ソンディは、「他人を毒殺するのではないか」という脅迫観念に悩む、ある若い婦人を診察していた。そして、彼女の症状と、発病経過を聞くにつけ、彼が、ずっと以前から診ている老婦人（七二歳）の症状とあまりにも類似しているばかりか、彼女の訴える言葉が、そっくりそのまま老婦人のいい方に似ていることに気づき、そのことを彼女に伝えた。すると、彼女に付き添って来ていた彼女の夫が、《その老婦人は、私の母親です……》と、応えたという。

これはソンディが、この夫婦の結婚という出会いにいたく印象づけられ、彼の運命分析学の端緒となった有名な彼自身の語らいである。（大塚義孝『衝動病理学』誠信書房　一九七四、三ページ）

というのである。その後、ソンディの研究は進む。多くの人々や家系についてつぶさに調査した結果、人間は祖先の運命を繰り返す、結婚運命も職業運命も、また犯罪運命までもが遺伝するのではないかと考えられるようになった。ソンディは一九四八年、ソンディ・テストといわれる実験衝動診断法を完成した。被験者からいえば、四十八枚の人間の顔写真から選んで、「好き」「きらい」というカードを置いていく、それだけのテストである。これを三日目ごとに十回行なう。これが正規の検査である。

私の知人に関係者がいたので、私もこの検査を何度か受けたことがある。熟達した検査者によれば、被験者のこれまでの経緯から来た心理状態、現在の状況、そして今後どういうことが起こり得るか、といった可能性までも指し示すことができる。自身も気づいていない心の奥底まで覗き見られるような驚きをも感ずるのである。ソンディ・テストやその他、この間のことについてここに詳述するには紙幅が足りないが、言いたいことといえば、人間のどういう遺伝的素質・性格がどのように職業に生かされるかということで、これを知って仕事につくことができればより幸せであろうかということになる。

（ソンディについての参考書を挙げておく。入手しやすく分かりやすいのは『現代のエス

プリ　二七三号　運命分析』至文堂　一九九〇。ごく噛み砕いて書かれたものは、これは出版社がもうなくなっているが、佐竹隆三『あなたの運命は変えられる』山手書房　一九七九。以下は専門書のレベルだが、大塚義孝『衝動病理学――ソンディ・テスト』誠信書房　一九八二、佐竹隆三『増補　運命心理学――ソンディ・テストの理論と実際』黎明書房、L・ソンディ『ソンディ・テスト、実験衝動診断法』佐竹隆三訳　日本出版貿易　一九八四　などがある。あるいはインターネットで調べようという向きにはYAHOOでも「L・ソンディ」を見れば、相当のことが表示されている。なおずいぶん久しぶりに新しい啓蒙・研究書が出た。奥野哲也監修、内田裕之・石橋政浩・串崎真志編『ソンディ・テスト入門』（ナカニシヤ出版　二〇〇四・一二）である。）

さて、話をもう一度最初に戻そう。いったいここに本が好き、活字大好きという人がいたら、この人はどういう職業に就きたいと考えるだろうか。学生が就職時に考えるのは多く出版社・新聞社などを望むのではないだろうか。（まずこれらは給料が高いという定評もあるし）それから書店員、図書館員になりたいと考えるかもしれない。あるいは本につながるのは、印刷会社もそうかなと考える者もいる。かのベンジャミン・フランクリンの一族もそうであった。彼の『自伝』に、「……この本好きな性質を見て、とうとう、父は、わたしを印刷屋にしようと決心した。もっとも、この職業には、かれの息子のひとり（ジェームズである）がすでについてはいた。一七一七年に、兄のジェームズは、イギリスから印刷機と活字とをもって帰り、ボストンで開業していた。わたしは、父の商売（石鹸製造業）よりは、こっちの方がずっと好きだったが、（後略）」（同書二五ページ）などと書いている。また彼《か》のミヒャエル・エンデも工芸美術学校を卒業した後、印刷会社で植字を習っているようだ。日本では「太陽のない町」を書いた徳永直などは印刷工員であった。

当時はそういうことがいえたかもしれない。しかし時代によって、いろいろなことがあるだろう。（私もこの間違えて印刷会社に入ってしまったような口である。採用面接で重役が私に「印刷会社は出版社とは違うよ」と言った時、あっ、しまった、そういえばそうだと気がついたが、結果としてこの会社に採用になったので、そのまま三十五年間勤めてしまった。）

出版と印刷、こんな単純な違いを未だに分かっていない人は大勢いる。国の産業分類でも「印刷・出版業」なんてこの二つをゴッチャ混ぜにしているが、とんでもない誤解である。二つは全然同じ要素なんかない異業種の産業である。だいたい、出版社には本を印刷する設備など持っていない。ミカン箱（机の代わりにする）一つと電話一本あれば、出版業はやれる。著者を探してきてこういう原稿を書いて下さいと頼み、原稿が書きあがったら印刷所にこれを刷って本にしろといえば、印刷所の営業マンは「ヘイヘイ」（この頃はそうは言わないけれど）と辞を低うして本をつくって納めてくれるから、これを取次店を通して流通させ、本が売れればそれで出版業は成り立つのである。

ところが一方、印刷業は相当な設備がなければ成り立たない。大手の印刷会社では数億円もする高速輪転機が工場内に大型戦車のような威容を構え、ゴウゴウと音をたてて毎週数百万部もの週刊誌などを刷っている。ついでにいえば、大手印刷会社（二社）の年商はそれぞれ一兆数千億円の規模であり、幸か不幸かその売上の中で書籍・雑誌の売上高の比率はドンドン減ってきている。私が在職中でもD社ではその比率はすでに二割を割っていた。

ではこのごろの印刷会社は何を刷っているのかと問われるが、もはや事業内容自体が一般の人の想像を絶するようなものになっているのである。それでも十年ほど前はD社の事業報告書の「営業の概況」では①書籍・定期刊行物部門　②商業印刷物部門　③紙器・特殊印刷物部門などと区分して説明していた。しかしこの頃は、①情報コミュニケーション部門　②生活・産業部門　③エレクトロニクス部門　という分け方をしている。今「情報コミュニケーション部門」というのは、書籍・定期刊行物類がようやくここに入り、カタログ・ちらしなど、ビジネスフォームやICカードなどが含められている。「生活・産業部門」とは紙コップ、包装資材など、建材関連、ファクシミリ用インクリボンや各種光学フィルムなどなど。「エレクトロニクス部門」とはシャドーマスク、フォトマスク、液晶カラーフィルターなどを含んでいる。このように、印刷会社といっても今やハイテク・メーカーの態をなしているのである。印刷会社がこういうことになっているとすれば、かって、「本が好きです」と言って印刷会社の門を叩いたのも今はどうかと思われることになった。（今は超簡単出版業と超大手印刷業とを戯画的に並べて言ったが、もちろんそれですべてを表わしているわけではない。）

企業にはどの業種にも皆大小の差別があり、それによってまったく事業の態様も違う。それにしても「印刷」をさせて「出版」するこの二業種は、産業分類上はどうしてもいっしょにならないと見るのが現実的であろう。

もっともこういうことを言い出すと、どの産業においても専門内容を突っ込めば突っ込むほど差異は出てくるものだ。書店といっても新刊書店と古書店はこれまた態様も本の販売方法も全然違う。早い話が、一般書店の店頭に多数置かれている新刊本はほとんど全部取次ぎ店から入って来た委託本で、小売書店の資産ではないが、古本屋の店先にある古書は全部古書店の資産である。最近台頭してきた新古書店というものもまた、およそ業態から違っていると言わねばならないだろう。

本好きな子どもはいう。「図書館の人はいいなあ、いつでも本が読めるから」と。そう見えるのだろう。「ケーキ屋さんはいいなあ、いつでもケーキが食べられて」とケーキの好きな子どもは思う。大人になれば、ケーキ屋がいつもケーキばかりを食べているはずがないことは分かる。そうは単純には見ないはずだが、多少なりともそういう誤解に似たものはついて回っているだろう。職業選択にはいつも誤解がつきまとっていて、正確にその職業を認識してその仕事につくという人は半分もいないかもしれない。またそういう間違って入職した人がそれなりにいることが、その会社なりの中ではいろいろな仕事として待ち受けているわけでもある。私の知人にも、およそ金勘定など似合わない人が銀行に勤めていた。そしてその人は最初から最後まで銀行の広報部門で仕事していた。

やはり図書館でもいろいろな仕事があり、様々な性格の人が必要かもしれない。

27　軽図書館か、なるほど

先の「図書館をめぐる空想小説」の中で私はいろいろなミニ図書館を、という話を書いたが、その後雑誌『みんなの図書館』（二〇〇一年六月号）に黒田一之氏の「『軽図書館』って何？」

という論考を読んだ。氏はテレビ座談会に出た時、この言葉がつい出てしまったというが、その意味は「大きな都市には一点豪華主義のもの、つまりダテということばで象徴されるようなものは不必要、たとえ小さくとも市民にとって便利で、いままでの図書館のイメージを転換できればという思いが強かった」ということである。

その前提として、氏は読書そのものの意義づけの変化を意識している。

戦前の旧図書館令には、図書館の目的として「其ノ教養及学術研究に資スルヲ以テ」としかあげられてなかったのを、現行法では第二条の定義の中で「その教養、調査研究、レクリエーション等に資することを目的とする施設」という風に、ひろく読書行為すべてに役立てるものとして位置づけられていることを認識しなければならない。従来は「ひまつぶし」とか「毒にも薬にもならない」とか言われた、娯楽型・実用型・趣味型の読書は、図書館の対象とはされなかったのだが、各個々人がさまざまな知的興味から書物に接する行為のすべてを読書と位置づけるのが、新しい図書館の使命である。(上掲誌五二ページ)

読書は学問や教養のためだけではなく、楽しいから、ただの暇つぶしのためでもいいのだ。

そんな読書をするための図書館を「軽図書館」という。氏の言葉でいうと「かっての権威主義に満ち満ちた古典や学術専門書を汲汲として保存につとめ、お情け的に『閲覧』させてくれる図書館ではなく、見たい・知りたい・覚えたい・身につけたい・そして読みたいというすべての知的欲求を叶えてくれる図書館を、古い図書館とははっきりと区別して、これを『軽図書館』と呼ぼうではないか、居直って呼称したいのである。」(同誌五四ページ) さらにいえば、氏は四十余年前、日比谷図書館の設計段階に、ブラウジング・ルームを設ける時、「軽図書室」と提言し、採用されたという。

軽といわれれば、私などは重と併せ用いる重巡洋艦・軽巡洋艦、重機関銃・軽機関銃、重戦車・軽戦車などという言葉を思いついてしまった。しかし、そんなハードウエアにおける目方の話ではなかった。音楽でも「軽音楽」というのがあることに氏も触れている。「重」がない「軽」もいくらもある。軽自動車などである。しかし、氏がいうのはソフトウエアにおける「軽」であった。小さな図書館という意味でなく、軽く読書するという意味であった。まあ、私が書いた「ミニ図書館」というのはハード、ソフト双方の意味においての小さく、軽いものという意味であった。

あとがき

本書を通読して頂き、ここに至ると、知識の点だけでいえば読者はすでに相当な図書館力を備えたと言ってよいだろう。多くの人々は多分、上級の門前あたりには来ておられるのではないか。しかし、図書館力は実践の力である。だから図書館を実際に使わなければ意味がない。そして自分の読書や調査研究その他で図書館を用いてみて、なるほどこれで図書館を使うのにはぐんとやりやすくなったぞという認識を持って貰わなければならないと思う。

そして余力があれば、図書館ボランティアにも参加して貰いたいと考える。欧米では人生に余力がある（いや、ない人でも）と考える人は、市民としてはボランティアすることが当然、という風土がある。日本ではそこまでいっていないようだが、これからは次第にそういう風土が醸成されるだろう。

図書館ボランティアには三つの方向がある、と本で教えられた。

①まず業務請負型である。図書館では本の貸出しや書架の整理その他常時多くの仕事が行なわれている。だから、そういう館員さんがやっていることを手伝っていこう、というものである。

②住民運動型といえるのは、地域の図書館のサービスや運営体制をよくしていこうという考

え方による。もっとこうして欲しいのだが、と申し出る。図書館だってそういう声があった方がやりやすいに違いない。これはわが国では意外に少ないのではないか。

③生涯学習型ということも考えられる。利用者は読書やその他から知識や技能を身につける。それではこれを他の人々にもお伝えしたい、と考えるのである。子どもやお年よりに本の読み聞かせをする、人形劇などして子どもに見せて楽しませる、こういうことはやっている人自身も生きがいを感じながら、他の人々にも喜んで貰えるという利点がある。

このようにボランティアを考えると、図書館の周辺にはまだいろいろな宝ものが転がっているなあ、と考えられるのではないだろうか。

また、格別ボランティアをしようとは思わないまでも、図書館友の会的な集まりがあれば、そういう仲間の間で親しい読書の友人をつくったり、図書館のことをより理解できることにもなる。これらは多くの場合、図書館力がついていく手助けになろう。図書館をおもしろく楽しみながら、使っていく。図書館力はまたますますついていくのである。

M・T

【わ】

【ＡＢＣ】

【な】

【は】

【た】

【さ】

【か】

索　引

【あ】

著者略歴

近江 哲史（おうみ・さとし）

1933年生まれ。京都大学法学部卒業。大日本印刷(株)勤務（管理部門・企画制作部門)、1993年定年退社、以後自営業(編集・執筆)。社史・自分史の制作・研究、市民としての図書館利用問題などに関心・関与。

主要著書

『社史のつくり方』(1975、東洋経済新報社)

『企業出版入門』(1986、印刷学会出版部)

『わかりやすい社史と自分史のつくり方』(1994、印刷時報社)

『独白 定年前後』(1994、実業之日本社)

『「自分大学」に入ろう』(1998、実務教育出版)

『図書館に行ってくるよ』(2003、日外アソシエーツ)

『気軽に自分史』(2005、日外アソシエーツ)

図書館力をつけよう

──憩いの場を拡げ、学びを深めるために

2005年10月25日 第1刷発行

2006年1月10日 第2刷発行

著 者／近江哲史

発行者／大高利夫

発 行／日外アソシエーツ株式会社

〒143-8550 東京都大田区大森北1-23-8 第3下川ビル

電話(03)3763-5241(代表) FAX(03)3764-0845

URL http://www.nichigai.co.jp/

組版処理／日外アソシエーツ株式会社

印刷・製本／株式会社平河工業社

ISBN4-8169-1947-3

Printed in Japan, 2006